回家

THE COURAGE OF
COMING
HOME

與父母的關係，
決定你與幸福的距離

賴佩霞
郭貞伶
著

目次

第1部 人生前半場

第2部 蛻變與重生

第3部　用愛與世界連結

推薦序

看見諒解、愛，與感恩

謝志鴻 Bob

大女兒 Amy 及兒子 Tony 對我說：「Dad，你現在對待 Aggie 和 Adrienne（佩霞的兩個女兒）的方式，跟你以前對我們很不一樣。」我說：「怎麼不一樣法？」「你放鬆很多，不像當年帶我們、管我們的時候，總是非常急躁及嚴格。」

朋友及以前的同事，也都異口同聲的說他們看到我在個性上的改變。

是的，我自己也覺得現在的我比當年有耐心、較放得下、過得較輕鬆、較活在當下。靜下心來想想，是什麼讓我有這樣的改變？年齡較長當然是一個因素，但我們也看過不少 grumpy old man（煩躁的老男人）。我心裡知道，耳濡目染受佩霞的影響，是造成我在性格上有這樣改變的最大因素。

十幾年來，眼看著佩霞從原來的電視節目主持人、歌手、藝人，漸漸轉型為身心靈領域的老師、作家、演講者。這中間她不斷的在台灣及世界各地去上一些名師的課程、工作坊，也幫其中幾位擔任即席翻譯，後來也幫有些名師對學員做個案諮商。每次上完課或工作完回家，除了涉及個人隱私的部分不談之外，佩霞都會跟我分享課程，或工作坊中的精髓。平時我們會對內容進行討論，試圖將所學應用在我們的日常生活中。儘管我很少上這些課程及工作坊，但舉凡對 Byron Katie、Rahasya、Eckhart Tolle、Gangaji、Osho、Satir、Gomorie、Amma & Bhagavan、Ben & Jock 等名師們教導的重點也都略知一二。再看到佩霞將這些精髓活用在生活當下，我也常依樣畫葫蘆將它們活在我的生命裡。漸漸的，我變得較輕鬆了，心較柔軟了，也較有耐性了。

你還抱不抱你爸媽？會不會對他們說：我愛你？

五十歲以前，我從來不曾擁抱過我的父母親，也從沒對他們說過「我愛你」這樣的話。雖然我從心底敬愛著他們，但我們那個時代背景長大的男人，是沒想過，也不習慣這麼做的。有一天佩霞問我：「如果你不抱爸媽，不對他們說你愛他們，哪天他們不在了，你會不會後悔？」「當然會！」我說。於是，看看時間，算算時差，正好差不多是洛杉磯的下午，我拿起電話，撥給在美國的爸爸說：「爸，怎麼樣，你好嗎？」「還好。」聊過一會兒之後，我生澀的說：「爸，嗯……我愛你。」爸爸沒出聲，幾秒鐘後他說：「好了，好了，知道了。」幾次之後，爸媽也開始很自然、習慣回我說：「我也愛你喔。」或「I love you too.」有一回，家裡幫傭將電話給媽媽，她老人家知道電話這一頭是在台北的我，一接過電話就說：「我愛你。這回是我先說喔。」沒多久以前，我如往常一樣，在電話上跟爸爸說：「爸，你好好保重，我愛你。」年屆九十的爸爸逗趣的說：「很好，我不只愛你，而且我還愛你愛到心坎裡去了。哈哈哈~我這是跟你媽媽學的。」爸爸這麼一說，讓電話那一頭的家人及幫傭個個笑得人仰馬翻，而他對自己的神來之筆，感到相當自豪。

最近這一次回美國陪爸媽，一早起來發現爸爸的血壓太低，於是趕緊叫救護車送他老人家去醫院。經過醫生及護士的救護，爸爸血壓回升了，血液含氧量也正常了。回家吃過晚飯，回醫院陪爸爸，才踏入病房數秒鐘後，爸爸心跳停止。我雙手摸著爸爸的臉說：「我們好愛你，你是最好的爸爸，謝謝你一輩子盡心盡力的把我們照顧得這麼好。你放心的走吧！我們會好好照顧媽媽、陪伴媽媽。」我重複說著。幾分鐘後，奇蹟發生了，顯示器上心跳回來了，大約半分鐘後又成了一條橫線，這會兒爸爸平靜安詳的走了。萬般不捨，心中有許多悲傷，同時腦海裡不斷響起「爸，我愛你」，和他對我說的「我也愛你，而且愛你愛到心坎裡去了」的幾句話。加上腦海裡一幕幕跟爸爸這幾年來無數的擁抱，當下除了覺得他應該多活幾年之外，我心裡並沒有遺憾。想著爸爸精采的一生、對我們的養育照顧、與他互道的無數「我愛你」及擁抱，心中充滿著愛及感恩。

辦完了爸爸溫馨的告別式之後，我一直在想，跟佩霞在一起的這段時光，我才真正開始面對自己內心的真實感受。對一個男人來說，這的確不是一件容易的事。即使以前我一直認為自己已經比很多男人柔軟、感性，但一直到真的成為這樣的人之後，才能了解其中的差異。現在的我，更懂得用心體會親情、友情、愛情，同時也非常關心自己在這方面的成長。由於佩霞這十多年來所學、所教、所說、所寫的這方面教導的影響，耳濡目染讓我慢慢變得更柔軟，更懂得愛和感恩。這點點滴滴的醒悟，讓我在面對突如其來的亡父之痛時，減少了很多的悲痛及後悔，而是充滿了愛、感恩及懷念。

怨懟父母，不可能擁有幸福與財富

我感念父親，因為他是一個非常負責任的男人。因此，當初聽到佩霞小時候，母親打電話給生父時卻遭受拒絕，幾年後又千里迢迢赴美找生父 Roger 的故事，總覺得 Roger 怎麼可以這麼不負責任，甚至薄情。而更納悶的是這麼多年來，我從來沒聽佩霞抱怨過她生父。這讓我覺得太不可思議了，也想不通為什麼。

漸漸的我才了解，清理對生父的情緒，就是佩霞多年以來到處上課、參加工作坊、找名師諮商最大的目的之一。這多年的苦功及學習，讓她慢慢消化了那些複雜的負面情緒，取而代之的是對生父的諒解、愛，甚至感恩。這著實令我稱奇與佩服。現在我們全家常常與Roger用Skype做視訊聊天話家常，看著佩霞和Roger享受父女之情之愛，我不但深受感動，而且深受啟發。

佩霞和母親的關係，也因為她這些年上課授課，抽絲剝繭的清理又清理，而由愛恨交織，逐漸演化為愛與感恩，到最後母親臨終前對佩霞所說的「I am so happy!」都讓我非常感動。

佩霞常說：「只要對父母親有任何怨懟，就不可能擁有幸福與財富。」我知道這是她這二、三十年在身心靈教育上的領悟。因此，當她看到別人還在為父母所為受苦時，總是很沉痛的說：「何必呢！」這是她寫這本書，也是接下來她投入教育的最主要因素。因為她覺得只有把這最重要的第一層關係理清時，才有可能享有美好、富裕、幸福的未來。她的這些話也深印在我腦海跟心裡。

書裡的字字句句，都說明了佩霞如何透過這方面的學習、靜心、清理，將負面的情緒及狀況消化及轉變為正向、充滿著愛及感恩的品質。當我年齡越長，越能體會這方面成長的重要性。

本書對佩霞多年來的學習、蛻變，以及與母親、生父、前夫關係的演變，都有詳細及生動的描述。閱讀初稿讓我愛不釋手。坦白說，很多時候，我也是透過這些文字，第一次這麼近距離的看見她心理轉變的剖析。而有趣的是，從這些字裡行間，我好像也看到了自己成長的軌跡。

有些人以為佩霞是遇見我之後，才有今天的開朗。我要說的正好相反，是她的堅強、毅力、好學與自我期許，贏得了我們今天一大家子的幸福。

我是佩霞的見證，看著她從當時離婚，帶著兩個嗷嗷待哺的女兒，一邊工作、一邊帶孩子，一直到今天。我很榮幸這麼多年能陪著她經歷這麼深刻的生命蛻變，這些領悟不只對她，對我來說也彌足珍貴。

內舉不避親，我大力推薦這本書給有意願要過著充滿愛、懂得感恩、正向人生的讀者，讓我們一起學習，一起成長，拿出自己最好的品質給這個世界。

（本文作者為元新科研董事長，賴佩霞丈夫）

推薦序

毫不修飾、純淨的內在歷程

陶曉清

讀賴佩霞這本書時，我才驚覺我們相識的歲月，已經如此長久。我們出現在彼此的生命之中，互相支持與親密，已經超過四分之一個世紀了。

這是一個多麼奇妙的緣分啊！

隨著每一個篇章的閱讀，情不自禁的在腦海中浮現出各個階段她的身影……

記不得第一次認識佩霞是在何時了，可能是她剛出片時來上節目的時候，但顯然那時我對她的印象還只是一般。對她最初有深刻印象是一起參加一場慈善音樂會後回台北的路上，我們在小巴士上聊天，同行的還有當時光啟社的負責人丁松筠神父。我記得佩霞認真的眼神與專注的態度，我們談的正是之後想去監獄探訪的可能性。

之後她結婚生女，我們偶然見到，還以為她過得很幸福。在她尚未懷第二胎時，她還到中廣青春網擔任過一陣子的電台主持人，而我正是當時的青春網負責人。他們夫妻還常常一起上節目談時尚。

多年前，我就是因為參加了鄭玉英與王行兩位老師的「家庭重塑」課程，才正式展開了我的自我探索之旅的。所以當我聽到佩霞遭遇到生命中重大的事件時，正好兩位老師也開始了自己的「返璞歸真」工作室，我就介紹她去參加了。

從此我們經常一起出現在各種課程中。

我還清楚記得，她懷著二女兒時上課的情景。讀到她描述自己不停流淚，充滿懷疑與怨恨的段落，我仍然會忍不住想到當年陪她一起落淚的情景。不過我那時就知道這會是個過程，而不是結果。雖然有許多傷痛，但她是會求援會反思的人，因此她不會一直耽溺在那裡。

有一次，我們一起參加「悲傷與失落」課程，老師要我們把生命中重要的事件按編年史的方式記錄下來。那次我們選擇在同一個小組分享。我說完我的故事後，她非常訝異的問我：「陶姊，你怎麼沒把青春網寫上去呢？」原來那是她的失落之一，所以沒聽到我提起時，她會問我。

這是個多重要的失落啊！我竟然忘記把它寫上去。於是我更深入的探索自己，才知道我可能是因為不想面對它，才會把它埋藏得很深。所以我在表面上看起來竟然沒事，要不是佩霞直言提醒，我可能還會繼續逃避一陣子。幸好我及時面對了這個失落，並認真的處理了內心的傷痛。

我們一起上過的最快樂的課程，是在二〇〇一年一起去加拿大海文學院參加新視野課程。一共有十四位台灣去的學員，加上美加地區的十多位學員，用一個月的時間相聚在一起。也因為這個課程，我們開始了每個月兩次的「新視野讀書群」，十多年來，輪流到每個人的家中聚會，一起讀書、成長、吃喝玩樂。

我們都看過佩霞剃光頭的模樣——還是很美，也跟著她做她學習來的靜心方法，聽見她溫柔而堅持的追問：「這是真的嗎？」每一次她遠行後的學習心得分享，都讓我們也一起跟著有了更多的成長。

不過，這些過去曾共同體驗，或是聽她分享的心情，都比不上我閱讀本書時所引起的極大共鳴。

相較於當時的分享，佩霞這次是透過與她密切交集的人——母親、父親、前夫、先生與兩個孩子——之間的生命經驗，全心而誠摯的讓我們進入她生命的最深處，如剝洋蔥已剝到最後一層，我們看到她毫不修飾的、純淨的內在歷程。

我喜歡她的真情流露，每一個當下都是那麼真實的愛恨情仇。從恨到骨髓或是被棄的哀怨，而能逐漸變成對那個人充滿感恩，其中的轉化是經歷過許多向內探索而自然產生的內在力量使然。那份一路走來的堅持，當迷惑與徬徨時也不放棄的勇氣，一再的讓我感動了！

我最感動的是佩霞談到死亡時的態度。不論是陪伴母親面對死亡，或是透過電話陪伴

Bob面對公公的死亡，都是十分美麗的哀傷與失落。確實，我們對於談論生死常是禁忌。但也因為如此，我們就無法正視死亡。我希望讀過佩霞探索死亡段落之後的人，能坦然接納死亡——活著的時候充分的活出來，時間到了，該走的時候也能安心的離去。

這是一本值得細細品味的書。希望佩霞的成長故事，能夠激勵更多的人對生命產生好奇心，並知道就算是自己以為掉到生命最谷底的時候，只要願意，都能將之轉化成豐富與滋養我們的元素。

重要的是愛！

愛身邊的人，愛自己！

二〇一二．八．十七

（本文作者為資深廣播人、讀書會及成長團體帶領人）

推薦序

看似不完美的人生，原來最實在

星星王子

我常說，寫序的最大好處，是可以先看完作者的書。這次當然不例外，不過有個例外是：我不曾為一本看了就想落淚的書寫過序。

書稿撒在午後陽光的咖啡館中我的眼前，字字清楚，卻又糊在淚水中。

在寫這篇序的前兩天，我把兩個兒子的大頭照貼在我零亂的工作桌的架子上。我愛我的兒子們，就像當初我父親愛我一般。初期在教育他們要有家教時，我不會用打的，因為我不愛被打，因此我採取 off 這一招——也就是，拿掉他們最愛的東西。像是一個月不准玩電子遊戲，而且嚴格執行，這很有效果。

而且我用了其實很不好的方式：罵。不過我不該罵他們。觀察了兒子們的反應時，我發現自己錯了。於是我用成人的方式，跟他們說對不起，並且也讓自己不再罵他們，尤其不會再情緒性的謾罵，而是改為理性及嚴肅的說道理。

他們非常愛我，每天早上都會到我床上在我身上輾來輾去。我的母親其實很不習慣，因為我的罵是從小看她罵我學來的，而當我不再罵時，她會看不過去來說我不罵他們，不過這不能影響我，我會對我兒子說要原諒奶奶，同時也跟他們說：「我不罵你們是因為你們可以做得更好。」並且也讓他們知道，他們未來要面對的是自己，尤其是承擔自己所做的事。

每個人都有愛，不然忝為人，但是我們常常用不對的方式來愛人，卻又任性的以為自己真正有去愛人。

我在寫這篇序的前幾天，寫了一些話給我的學生，其中有一段是這樣的：人生的邏輯很簡單，就三階段：生、活著、死。只是生、死就一瞬間，活著卻折磨人一輩子，因此你要過怎樣的生活，讓自己不受折磨，是自己的選擇與決定，與任何人無關，不要怪罪任何人。因為，這就是人生。

有時，看似不完美的人生，卻活得最實在；反而是那些一切都比別人美好的人，卻一點都感覺不到幸福。

他人的經驗，是我們最好的學習

嚴格上說來，賴佩霞的人生並不完美，從她出生的瞬間開始，就注定如此。不過我確信，當她百年眼睛閉上的那一瞬間，她的感覺會告訴她，這人生完美極了！

占星學是我用來了解人性的工具，也許在他人的眼中，會覺得這個角度不一定寬廣，甚至會覺得狹隘短淺，不過我在這樣的空間過得挺愉快的，而且漸漸的已有更多人給予我尊重，不免俗的，我稍稍用占星來聊聊賴佩霞。

我常覺得，她有著天蠍座的氣質，不過她的圖中只有海王星在蠍子，但是與氣質有關的月亮卻進到由蠍子主掌的第八宮。這使得她的人生常常必須藉由探觸到人生底限的方式，來讓她感受生命的奧祕延續，而她月亮的射手，卻一點都不讓她站在那兒自怨自憐，會讓她拿著箭射向他人，有時也反彈回來射到自己，不過也十足給了她樂觀與樂天。

因為這星象，使她不會刻意裝扮出靈性般的空洞，而是扎實靈魂的熱情。第一宮是我們個性成長與撒野的地方，而她的第一宮中有在雙子座的太陽，以及在金牛座的水星與金星。因此我們可以看到，她在個性表彰時、面對感情時、表達自我意識時盡情撒野，並且超有力道！

其實最有趣的，要算是她的木星。這顆擴張的星曜進到了與因果相關的第十二宮，並且進到了像海綿一般盡情吸收一切的白羊座上，再藉由在第十宮中並進到寶瓶座的土星用力擠壓出雜質。這個影響，讓她博家、無我與靜心，尤其是博家，使她不局限卻又不限的用各種角度看世界，也讓她很快的從人生苦痛中找回自我。

其實嚴格來說，她與 Bob 在星象上並不相合，而且這樣的星象組合要如此完好，機率非常低。但是他們卻成功了，這並不是星象不準，而是人的努力，本來就可以改變未來——這話由深信占星學的我說來，應該更具說服力才對。

他們若是沒有過去，現在不會在一起彼此珍惜。盲目的愛，往往是血緣關係中最無助的桎梏；盲目的愛無助於任何關係的成長，盲目的愛也最無助。

賴佩霞用她的人生課題教會了我們重新面對自己至親的家人，使我們不至於因為家人關係的無奈而無能為力，或是毫不努力。

我們愛一個人，就要阻止他犯錯。不要縱容任何家人濫用了我們的愛，我們也不能因為要愛他們，而縱容了他們犯錯，並且收拾了犯錯後的所有爛攤子。收拾爛攤子，也是自己要學會的課業。縱容，從來都不是愛，而是害。

寫到這裡，我人正在家中。太太知道我在寫序，對我說：「我一直覺得她有個非常正面的能量，我說不出那種感覺，但是就覺得她很好。」我點點頭沒有多說，因為我知道，等到我太太看了這本書後，會更能感受賴佩霞的力量。

我邊看書稿邊寫序，行筆至此，發現這本書用一整篇歌頌了 Bob。以前人們常說，一個成功的男人後頭會有一個成功的女人，現在似乎更演變成一個成功的男人後頭有好多女人。這說來諷刺，不過這本書讓我們看見：一個幸福的女人背後，真有一個男人，而且是好男人。

賴佩霞常會大哭，這次邀稿是在我家附近的咖啡館提起的，當時 Bob 正在美國照顧家人，我們還上了線跟他打個招呼。離線後，她說感謝上次她人在北京時，我找了個在當地的朋友跟她聊了聊她所要知道的某些訊息。而且她在北京的幾天前，我們才在飛碟電台用只有一分鐘的時間交會。事後她說，跟我碰面的早上起床，想到這整個過程的順暢，她很感恩，因此在床上大哭。大哭不是難過，而是感謝她所能得到的這一切！

這就是她，賴佩霞。因為她，我感恩這所有的一切。

最後，我再加一段我給學生們的話：永遠記得，他人的經驗是自己最好也最免費的經驗學習。聽了他人埋怨，告訴自己埋怨就會事事不順；聽了他人訴苦，告訴自己訴了苦就會苦一輩子；聽他人找藉口，告訴自己找藉口只會一事無成；聽他人在做夢，告訴自己白日夢只會空留遺憾。

想著看這書稿的那個下午，還好我有帶手帕。

（本文作者為知名占星作家）

後記：當我把這篇稿子寄出後，打了個電話給賴佩霞，我當下眼淚就噴了出來。因為我聽到 Bob 父親過世的消息，我在這一端，哭著請她替我抱一下 Bob。Bob 是好人，他的父親也是好人，好人會在美好的地方準備好一切等我們前去的。

一個真心求道的人

喇哈夏 Rahasya

一九九九年，我應邀到台北近郊的山上，帶領一個禁語靜心工作坊，那是我第一次遇見佩霞美麗的一家人。佩霞的靈性名字是「達湘娜」（Darshana），意思是「看見」與「與大師相遇」。我還記得，他們一家人所散發出的愛與優雅，讓我深深感動。而達湘娜對於求道，如此熱切、坦率，也讓我印象深刻。「與大師相遇」，在許多方面，都成為她求道旅程上的重要主題。

在我固定前往台灣帶課、開工作坊之後，我與達湘娜的道路就經常交會。達湘娜來上過幾次我在台北開的工作坊後，我們成了朋友。之後有好幾年的時間，達湘娜一直在我與我的伴侶努拉（Nura）於台北開的課程中擔任翻譯。在我的生命裡，遇到過許多啟發我的老師與大師，如拜倫・凱蒂（Byron Katie）、恆河母（Gangaji）、阿瑪巴觀（Amma Bhagavan），還有已經往生的大師奧修（Osho）與拉瑪那・馬哈希（Ramana Maharshi），達湘娜都充滿了熱忱，去上他們的課，與他們相遇。

儘管達湘娜在台灣是著名的主持人與歌星，她卻毫不造作，為人風趣，真心求道。這些年來，看著這麼一位天生麗質的女子，日漸培養出愛與覺知，發揮力量與創造力，透過她所能接觸到的各種管道，幫助人們在求道的路上，或是對覺醒的追尋上有所成長，並且成為一位老師，還寫書出版，這真是一個很美好的經驗。

很多人都說二〇一二年是全球覺醒的時刻，許許多多光行者都在幫助集體意識的提升。在這本書裡，達湘娜分享出她如何覺醒、成為完整的人、活在合一意識中的故事與旅程，令人深受激勵。希望這本書對每一個讀者，都會是一個振奮人心的邀請，去跨越已知的一切，勇於活出自己的天賦，開始踏上屬於心的旅程，走在真理與覺醒的道路上。

但願人類能很快就達到意識的臨界點，讓這個美麗星球上的所有生命都得到轉化，這麼一來，每一個人就能活在愛與和平、喜悅與自由、豐盛與合作當中，並且深深敬愛著生命與大地之母。

讓和平無所不在（Om Shanti Shanti Shanti）。

（本文作者為知名心靈療癒師）

我認識的賴佩霞

豬哥亮

我熟識賴佩霞的時候，她還真少年，未結婚，也還沒交男朋友。

我頭一回在電視上看到她唱歌，那個外型就是ainoko（あいのこ，混血兒）的型，打扮起來很美，水汪汪的眼睛，親像鴛鴦目，於是我就邀請她來錄我的錄影帶。

那時陣要請賴佩霞出來，大概就只有我請得動了。她不愛作秀，也不愛錄錄影帶，她做了真大的面子給我。我們那時陣錄影，常講到她的阿公是德國人，阿嬤是日本人，她的爸爸是美國人，媽媽是Tomoko。

我就說，這一來娶到她還真麻煩。比方說遇到清明節，在台灣掃完媽媽的墓，要再去美國掃爸爸的墓，掃完以後，還要去日本掃阿嬤的墓，最後還要去德國掃阿公的墓，等到墓全部掃完以後，小孩就已經當兵退伍了。

大家都感覺這很好笑，也就一炮而紅了。

我跟賴佩霞的感情滿好的。我是滿愛才的人，她來作秀，也很好參詳。後來，我知道她離婚之後，又帶著兩個囡仔，嫁給另外一個男人。我復出之後，在范可欽導演的尾牙上，有遇到她現在的先生。我看到她現在的先生對她真好，真諒解，真有體會，這個男人，很不簡單。

佩霞現在成為心靈老師，她的經驗是歷練來的。這種經過，就是自我豬哥亮開豬眼之後，頭一次看到的。

她的命，是自己選的。今天能這麼快樂的活著，無簡單、無簡單啊。

（本文作者為知名節目主持人）

新版前言

踏出生命覺醒的第一步

這世上，有多少人能說：我有個幸福美滿的家？

還記得二十歲那年，我的車停在美國伊利諾州的一條斜坡道上，怔怔看著眼前那幢矗立在坡上的房子及綠油油的庭院。

在那棟房子裡，住著我二十年來朝思暮想的人。我的心裡時時想著他、惦著他，卻不知道他如今的模樣。我沒聽過他的聲音，更沒碰觸過他，唯一的印象，就是少數幾張二十年前留下的照片。

這個人，我打從出生就一直在找他，一直渴望見到他。因為想見他，我來到了他住的地方，聞著他所呼吸的空氣，踩在他曾留下汗水的土地，聽著會吹到他身邊的那陣風聲。

他，就是我的親生父親。

每當受挫的時候，我的心裡總想知道，當年他為什麼拋下我，棄我與母親兩人於不顧。

我的心裡很肯定的認知，如果有個爸爸，媽媽就不會遭受這麼多的波折，而我的命運肯定會有很大的不同。

從小，我就好渴望有一個完整、完美的家。長大後我告訴自己，既然無法從原生家庭體會到家的感覺，那我就自己來打造一個吧。於是結了婚，盡了所有的努力，想讓這個新家，成為我夢想中美滿的家。

但就像大家後來都知道的，那個我第一次試圖打造的完美的家，破碎了。

為什麼？為什麼我步入了跟母親一樣的命運，成了單親媽媽？為什麼我的心也跟母親一樣悲傷？更可怕的是，我也開始哭喪著臉，抱怨起老天爺的失職。

為什麼我一心期待的和諧圓滿家庭，結果還是以離婚收場？有人明明有家不想回，又有人回到家卻覺得陌生，想愛家人，又覺得好苦、好難。

家，成了很多人想回去，卻也最想逃開的地方。

你身上，有多少原生家庭的烙印……

而我，不想再逃。家，雖然讓我受傷，但逃避只會讓我更無助，更痛苦。假如過去的我，不曾擁有一個讓我想回去的家，今天的我又憑什麼懂得給孩子一個她們會想回去的家呢？

「家」到底是什麼？「甜蜜的家」該具備什麼？我是否也會、或者已經開始在無意識當中，創造出一個讓女兒充滿糾葛、不想回的家？

想到這裡，我頭皮發麻。

看著我一對可愛的女兒，我渴望給她們一個幸福的家。對女兒的愛，讓我渴望把自己弄清楚、想明白。我必須走出原生家庭烙印在我身上的模式，給她們一份我自己也不曾體驗過的全然嶄新的愛，我不能讓過往的傷痛與無意識，延續到她們身上，殘留在她們身上。想做好一位母親，這必須是我最需要努力的地方。

第一次婚姻的結果，讓我意識到，我必須承認，我根本不知道如何經營出一個幸福、美滿的家庭。我身邊沒有「親密關係」的好榜樣，我必須從零開始，學習什麼叫快樂，什麼叫豁達，什麼叫開朗，甚至更奢侈一點，什麼叫作幸福。

接觸心理學後，我開始了解癥結所在。對於我的父親與母親，我好渴望自己能放下對他們的所有抱怨與不滿，我好想好想不帶一絲芥蒂、沒有任何隔閡地，愛著他們、擁抱他們。

為此，我決定，像個勇士一般，踏上這趟改變自己的旅程。

豬哥亮口中的「瘋查某」

打從十六歲踏入歌壇，我為人所知的身分，就是歌手、主持人。不過在這本書裡，很少提到我的演藝生涯。

當時我的工作很單純，有通告時，就去上節目，該發專輯時，就去錄唱片。但唱歌是我的興趣沒錯，可是成名這件事，卻一直令我不安。當時的我，延續著小時候自閉的個性，無意識中恐懼著一旦大紅大紫，說不定會面臨各方襲來的壓力與麻煩。我沒有一個足以讓我依靠的力量，也不知要如何尋求支持，一切都要靠自己。只有我自己知道，我的心靈是何等脆弱，如果碰到一些狗屁倒灶的事，根本不堪一擊。

我雖然熱愛舞台、熱愛演藝事業，但是同時我需要保護自己，保護媽媽。我知道樹大招風，有些殘酷、空穴來風的輿論，足以摧毀一個人的生存意志。這也正是為什麼，對於這份許多人稱羨的工作，我並沒有很投入，也沒有花太多心思去經營。我還記得，當年豬哥亮常開玩笑說，我是個「瘋查某」，因為人家捧著大把鈔票要我去做秀，我都不懂得賺這些錢。

老實說，我其實心裡怕，出門在外如果遇到任何委屈，有誰會替我出頭？媽媽？她已經夠辛苦了，我怎麼能讓她因為我，再增加任何負擔或委屈。為了我，她已經犧牲了她的青春及幸福，我怎敢再讓她操心。

我深怕人們的嫉妒、汙衊，我更怕受委屈之後，發現身旁沒有支持的力量。因此，有了名氣之後，我就帶著這個明星的光環去支持那些渴望被支持的人。因為我太了解無依無靠的悲哀，更了解人在江湖的無奈。

記得小學三年級時，有一次跟媽媽到廟裡拜拜，我手拿三炷香向神明祈求，心裡突然浮現一句話：「祈求我長大以後，能為台灣社會做一些有意義的事。」這就是為什麼踏入演藝事業之後，有人邀請我到監獄慰問，我二話不說就跟著去了。當時只要有機會陪伴、支持與服務弱勢團體，我打從心裡覺得歡喜與踏實。朋友說我是怪咖，年紀輕輕二十出頭，不趕緊賺錢，哪裡不好去，竟老往監獄跑。

那些探訪弱勢團體的日子，在我生命中所烙下的印痕，遠比我的演藝工作更加深刻。幾年前，一場演講結束之後，一位女士走到我面前，一看到我雙膝落地，我趕緊扶她起來，她說她特地帶女兒來向我道謝。謝什麼呢？我望著這位女士，怎麼也想不起來，曾在哪裡見過她。原來，二十多年前，有一次到監獄慰問時，她在那裡服刑，入獄沒多久就發現自己懷孕了，當時，先生音訊全無，她無依無靠，不知道該不該把孩子拿掉。她告訴我，當時我鼓勵她生下孩子，也因為我的鼓勵，今天的她，生命裡有了一個貼心、成績優異的好女兒。這二十年來，她與女兒相處的時光，是她一生最珍貴的寶藏。

當下我們三個人都紅了眼眶，好生感動。我其實並沒有做什麼，只有陪伴與鼓勵。一粥一飯撫養女兒長大的，是靠她自己，我只是適時給了她一份支持的力量。陪伴過一個靈魂度過這樣的難關，真是我無上的榮幸。

還有一次，我跟大女兒從我先生的辦公大樓走出來，迎面走來一個年約三十的年輕人。他用一口流利的英文告訴我，說他在外商公司工作，當年他在少年觀護所，就因為我的一席話，給了他很大的力量，他一直銘記在心。出獄後，他回學校努力完成了他的學業，為此，他對我深深地感謝。當他轉身離開，我跟女兒兩人眼眶都已經泛著淚水。我們互看了一眼，異口同聲說了：「Wow!」那大概是她這一生中，最尊敬我這個母親的時刻。

這是我的故事，也是每個人都有的故事

接下來要講的故事，我相信，不只是我一個人的故事，而是跟每個人都有關係的成長歷程。能夠坦然細述這些過往，是因為今天的我，很幸運地從傷痛中覺醒了。

原來的我，因為父親缺席的家庭缺憾，造成了情感上的自我封閉。原來的我，跟我身邊許許多多的人一樣——很可能也包括正在讀這本書的你——不明白回「家」的必要，因此時時處在受苦狀態中。原來的我，也只是單純想療傷，想要找到能幫助我實現回家夢想的力量。

於是我回到源頭，回到本心，回到我一直渴望找尋的自己——一個我心靈的「家」。今天，我打破了層層過往生命模式的局限，領受到了生命的豐盛與美好。

《回家》，是我整套身心靈發展課程的基礎，也是我一生最重要的作品。因為我知道，無論是學習自我對話、親密溝通、尋找天賦，甚至企業領導，都要先鼓起勇氣回到源頭，去檢視自己與「父母」之間的關係。例如，**我與父母之間，是否還存在著持續不斷的意見相左，甚至衝突？我是否心中長期盤踞著對父母的憤懣與批判？**

別小看這些日常生活中的衝突，以及長期積累在心中深處的批判，或許平常我們避而不談，但卻是阻擋我們迎向快樂人生、發揮生命能量的第一道障礙。唯有從中解套，我們的人生才有可能出現有意義的改變。

我深深相信，所有父母對家庭、對孩子，心中都有滿滿的愛，只是他們對愛的理解與解讀，往往也是來自他們自己原生家庭所賦予的習性，這些習性倘若不經過重新整理，自然會進一步影響到下一代。當然，有些心理學家認為，人們似乎賦予童年過多的解讀，不過我仍然相信，假如一個人的童年，生活在一個充滿愛的環境，成長後對生命的接納與調適，會比較容易也比較順遂。舉例來說，我們都了解事業要成功，必須具備誠信的特質，但如果一個人從小在一個被剝削、被蹂躪，扭曲的環境下成長，要他對人展現信任，談何容易？

我希望藉由《回家》，表達一個重要的訊息：重新認識我們的父母、重新整理我們與父母之間的關係，這是「改變生命」最重要的第一步。**當你不再責難父母、不再責難自己的童年，你將發現「回家」之後的生命，是如此宏偉，愛，原來可以是如此自由、輕易。你將可以敞開，接納一切快樂與悲傷，因為你將會明白，這都是生命的一部分。**

我從身邊無數好友、同修的身上深刻的發現，所有成功、快樂、覺醒的人，在情感上、心理上都與他們父母有著和諧的關係。相反的，無法放下對父母親怨懟的人，往往在婚姻、財富與事業上，很難順遂如意。即使坐擁世俗看起來的功成名就，心裡依舊無法體驗到踏實的幸福與豁達。

這也許就是我們一般人俗稱的「放下」吧——放下對父母親的憤怒、偏見、芥蒂、猜忌與氣餒，畢竟他們是把我們帶來這個世界的人。如果你真愛這個世界，怎麼能一直活在抱怨父母的狀態中？

《回家》出版以來，我獲得許多讀者的反饋，他們告訴我種種奇蹟般的幸福發生在他們身上。幾年前，我在上海的虹橋機場登機前，一位三十幾歲女子快步迎向我。她覺得自己很冒昧，但猶豫了很久之後，還是選擇要告訴我。她說，當年離婚後她走投無路，帶著兩個兒子，在那段差一點想不開的日子裡，是《回家》救了她及孩子。她自己每天抱著書，孩子碰到問題時，她也讓兩個孩子從書中找答案。她告訴兒子說：「你們是單親的孩子，你們要學著像佩霞老師一樣勇敢。她可以，你們也可以，我們都不用怕！」

「天呀！」我再也止不住眼眶中打轉的淚水。那一刻，我所有吃過的苦，都值得了。我對她說：「謝謝你，你的這一席話，才是我靈魂的救贖。」最令我開心的是她後來勇敢選擇離開了傷心地，到上海工作，如今兩岸事業有成，孩子也都長大，成了我最忠實的讀者。

類似這樣的靈魂相遇，帶給我莫大的喜悅與肯定。好多來自世界各地的讀者，千里迢迢找到我，當面謝謝我，主要是因為藉由這本書，他們看清楚了自己的真心，決定不再築牆，不再選擇跟過去一樣帶著強烈不滿與批判過日子。他們意識到了父母的辛勞，願意重新理解他們，也心疼父母曾走過的崎嶇人生道路。當他們真正明白了「回家」是生命覺醒的第一步，也是通往幸福與健康的必經之路時，美好的事物自然一一展現。真沒想到，藉由《回家》這本書，能讓我有機會扮演陪伴與支持的角色，結交如此深厚的緣分。

渴望回家嗎？讓這本書陪伴你吧

這些年來，我全心投入，學習成為更好的女兒、更好的母親、更好的妻子、更好的人。我有幸遇到的都是相當真誠、豁達的老師，從他們身上我看到了希望，同時也學會了方法。如今，不但能以自己豐厚的生命體驗去支持、陪伴那些正在面對生命難關的人，同時，更要去支持、讚賞那些已經擁有得來不易的幸福之人。

《回家》不只帶我們回到原生家庭，與家人和解，更重要的是領悟愛的源頭之後，接下來會是什麼樣的人生？要往哪個家邁進？如何走向未來的生命大道？

為了能有好的陪伴品質，我投入很長的時間，學習各種專業諮商師訓練課程，也研讀很多相關知識。然而，我也發現當面對眼前的人時，並不需要刻意運用什麼特別技巧或方法。靜心中我體會到，陪伴者最重要的是連結心裡那份愛與善意，來同理、支持對方。

我跟每一個人一樣，成長過程中經歷過許許多多大大小小的無奈。然而幸運的是，我勇於面對負面情緒底層的失落感，我勇敢去探索，勇敢去經歷，最後走出糾纏。我要感謝所有教導過我、支持過我的家人、朋友、老師、學員、讀者。我是一個媒介，分享了個人刻骨銘心的成長故事。**曾經，這是一個令我傷痛的故事，但多年以後回頭看，痛已漸漸遠離，留下來的，是一部最美的生命紀錄**。希望讓愛的洪流透過我，流經到其他的人身上。我希望能繼續以這樣的生命，盡我所能，去探索「愛」的宏偉，窮盡「善」的最大可能，並任由愛的洪流自由行使，隨之去到任何地方，與任何準備交流的生命相會。

你呢？你準備好了嗎？

是時候，我們可以一起回家了。

第1部 人生前半場

母親與我，
是生命共同體。

1 無法失去彼此，卻老在刺傷對方

我與母親

我的命運，在我還沒出生之前，就注定了。

在母親的期盼中，我誕生到這世上。母親，是我生命的源頭，沒有她，就沒有我。可是，要我談誰都好，一講到母親，這個我一生最親的人，卻很難說出口。

母親是家裡的么女，外公在她小學時就過世了，她跟大哥、大姊相差大約二十歲，除了跟小舅舅比較親之外，從小就一直過著孤單且獨立的生活。

年輕時，在家鄉經歷了一段沒有結果的曲折戀情後，傷心的她在不到二十歲時，決定離開家鄉，出外生活。

沒有一技之長的她到了台北，找到了一份在外國軍人家裡當保母的工作。午後坐在一旁看著那些金髮碧眼、天真可愛的小孩嬉戲玩耍，是她每天最大的快樂。

當時，正值越戰期間，大批美軍駐紮在台灣。對我母親來說，她在離開家鄉、離開自小熟悉的生活環境後，第一次見識到有這麼一個不一樣的世界。

在這個世界裡，物資充裕，人們不愁吃穿，生活井然有序，家裡打掃得窗明几淨，男人對待女人彬彬有禮，假日大家會一起出遊，上山下海，充滿了歡樂的家庭氣氛。跟雇主一起生活的日子，像極了好萊塢電影的情節，尤其是男人對女性的呵護與尊重，是她從未見過的。

在未經世事的少女心中，深深體會到這個世界和自己過去所經歷的生活是如此的不同。在母親眼中，這裡彷彿天堂，如此明亮豐盛美好。人間竟然存在這麼幸福美滿的生活。

因為媽媽想生個洋娃娃，所以，我誕生了

這樣的畫面，不但讓她對這世界有了美好的憧憬，也讓她做了一個決定：她要生一個「洋娃娃」。她想要透過這個「洋娃娃」，來象徵這個世界帶給她的人生改變，還有生活裡最渴望擁有的美好部分。有了這個「洋娃娃」，她相信自己能將這個美好世界留存在她的生命裡，娃娃將永遠屬於她、陪伴她，而她也將會一輩子疼惜、鍾愛這個洋娃娃。

這個「洋娃娃」，就是我。一九六三年，我就在母親美好的期待中，來到這世界。

在我誕生之後，母親獨力扶養我，把所有最好的都給了我。在那個年代，未婚生子，是很不得了的事情，更何況她生的是一個從外貌一看，便知與眾不同的混血兒。

小時候，我沒主動問過太多關於她與父親的事情，因為怕她傷心。

我只知道，她是在當保母的美籍將軍家裡認識父親的，父親個性很好，文質彬彬，進退有宜，是個紳士，年紀也比她輕個好幾歲。

母親認識他時，就知道他只是個過客，只會在台灣待個幾年，但是在他們交往兩三年後，母親還是決定要與他一起擁有一個新生命。母親始終沒有忘情於擁有一個完全屬於自己的洋娃娃，對她來說，那似乎才是能掌控的幸福。

然而，是命運的作弄吧，當父親知道有我的存在時，人已遠在越南。

這段期間，父親與母親只有靠書信往來。直到我出生之後，父親還從遠方寄了錢來給母親，他知道母親手頭並不寬裕，要靠自己養大一個孩子並不容易。

父親回到美國之後，母親也曾將我的照片寄給他。可是，不知怎麼一回事，突然間，父親就此音訊杳然，不只金錢的支援斷了，甚至連隻字片語也不再捎來。

當時，母親也曾竭盡所能，多方奔走，想要聯絡上他。

然而，兩人之間隔了一整片太平洋，人海茫茫，那些努力，有如用小石頭填海一般，焦急的母親動用所有可能的關係，仍是一無所獲。

最後，只留我與母親兩人，在不知何時才有結果的等待中，相依為命。我扎扎實實成了屬於她個人擁有的洋娃娃。

面對媽媽的挑剔，我無處可逃

回想起與母親兩人相處的日子，很奇特的，有那麼長久的時間，只有我們兩個一起處在同一個屋簷下，但是，那些記憶卻那樣模糊。

媽媽，讓我感覺那麼遙遠。

在生活上，我印象最強烈的就是母親的個性很拗、很固執，自尊心很強，總要我順著她的意思。

在家裡，東西要怎麼使用、放在哪裡，全都要一一照她的方式安排，一旦沒順她的意，她就會跟在後頭一直叨念個不停。住在沒有隔間的套房裡，面對母親的挑剔，我無處可逃。

即使只是烤個麵包，她都會找出各種理由，說我什麼事都做不好，只會弄得四處髒亂。記得我二十多歲時，都已經出社會工作了，吃飯時還什麼都不用做，像個大小姐般晾在一旁，連飯都是媽媽盛好拿給我，讓來家裡作客的阿姨驚訝萬分。媽媽的說法卻是：要是讓我來盛飯，一定會把飯粒撒得滿地，到時她整理起來會更麻煩。

長久以來，母親就是這樣一手掌管我生活上的大小細節，只要我一動手，不照她的方法或步驟，就一定會惹她不滿。與其看到她的不悅，我乾脆什麼都不做，反正，做與不做，到頭來都是一頓數落。

也許是母親年紀很輕時就出外生活，一個人的日子過慣了，對東西要怎麼用、怎麼放，很有自己的想法。她覺得我既然是她唯一的孩子，就應該聽她的指示，凡事都要照她的方式來。這的確也是沒有人會跟她爭辯的事實。

就這樣，我的一舉一動隨時等著被糾正。她的一雙眼睛總是在背後盯著我，連講個電話也要在旁邊聽著，隨時提醒我該如何應對。彷彿我連呼氣、吐氣，都要照著她的節奏。母親的愛，有很大一部分就是透過這種擔心與掌控展現出來。

隨著年齡的增長，我開始發展出一套應對的方式——以沉默表達我的不滿與不屑。我曾經開玩笑的說：「媽，你應該去當警察，那個工作你一定會很稱職。」

身為母親的女兒，我的自尊心也很強，到了青少年時期，有時忍受不了這樣叨念，我也會回嘴。母親聽了，總是很傷心，說我忤逆她、不孝順、不愛她。甚至有一次，她生氣起來還曾對我說：「你還不聽話，只有我要你，這世界上除了我根本沒有人要你，你還不知感恩，還頂嘴！」

我聽了好刺耳。對媽媽來說，她覺得她只是在指正我、訓誡我，可是在我聽來，卻覺得那是一種責罵。

現在想想，我那些對母親的抱怨，像脾氣拗、自尊心強、好勝心重等等，不也是我自己性格的寫照嗎？

該怎麼做，才能讓媽媽喜歡我

的冷言冷語。

與母親在相處上的狀況，總讓我不太想靠近她，唯恐一不留神又挨一頓罵，或是一整天

母親身邊，好像總有一堵無形的高牆，阻隔著我，也阻隔著任何人與她親近。

小時候與母親最甜美的記憶場景，是有一天下午，我看到媽媽在客廳沙發上睡午覺，那樣的光線和母親安詳的睡容，好吸引我。我忍不住躡手躡腳，挨到很靠近母親的位置，希望躺在她身邊，享受這種恬靜的美好時光。

在那個位置上，我得屈著身子，還得小心翼翼，不能碰到母親。那其實是很不舒服的姿勢，可是當時的我一點也不在意，只想盡可能貼近她。像隻小貓般的依偎在母親身旁，但也不是真的依偎，還是保持著一點距離，以免驚擾到熟睡的母親。

我滿心陶醉在可以跟母親這麼靠近的美好跟喜悅中，同時又謹慎得連呼吸的力氣都控制著，生怕她一醒來就揮手把我趕開，喝斥我：「躺在這裡衝啥，去旁邊啦。」

那個下午，我就這樣窩著，感受母親的體溫，想像著母親對我的呵護。記憶中，那也是母親讓我感到最溫暖也最靠近的一刻。雖然只是短短的片刻，卻讓我深深體會到每個孩子心裡頭對依附母親的那種渴望。

回想起這個場景，總會感到一陣酸楚，我能體會，母親並非總是那麼嘴不饒人，並非總是要用言語喝斥，彷彿不喜歡我待在她身邊似的。或許，她已忘了自己也曾像每個孩子一樣，希望擁有母親的呵護，只是這方面，她自己從未滿足過。

慢慢的，我學會跟她保持一段距離。

每次一想到母親，我總寧可進到內心更深處去領受她對我的愛。她的確付出了自己全部的生命照顧我長大，我很確信母親對我無條件的愛。如同那個年代台灣的父母親，她已經盡力了。

愛母親是容易的，只是，在生活上，要怎樣才能讓她開心，我實在不知道。我花了很多時間跟心力，努力尋求如何喜歡她這個人，同時摸索如何讓她也喜歡我……

抽屜最底處，一張男人的照片

母親的眉頭總是深鎖，她的語言經常很負面，即使是她的好朋友，我都聽她不留情的數落過。她常顯得焦慮不安，一件小事也會不斷回想擔憂。有一回她填表格，在身高欄填了一五九公分，後來她就一直為自己怎麼沒想到乾脆填一六〇公分而反覆懊悔，此事多年後還經常聽她提起。

認真回想起與母親相處的日子，她臉上經常出現悶悶不樂的神情，那神情讓我感到，她經常是不在我身邊的。她的人雖然在屋子裡，可是心卻不在。

一個少了心的家，溫度是低的。

在這樣冷冷的氣氛中，我曾看到過母親臉上閃過喜悅、溫暖的神情，那是因一張照片而起。那一次，我無聊沒事做，在家裡東摸西摸，為了打發時間，我開起家裡的抽屜一個個翻看。無意間，在某個抽屜裡，我摸到了一封信，信裡還裝有一張照片，被壓在抽屜角落底部很小心保存著。

那是一張男人的獨照。我認得他，但以前看到他的照片，都是跟其他人的合照，為什麼在抽屜底部會有一張他的獨照，而且被保存得這麼完整謹慎呢？我開始好奇。

小時候，沒想太多。日後，回想我在詢問母親關於這張照片的事情時，她臉上閃過的神情，還有她曾告訴我的一些故事，我慢慢拼湊出關於母親內在感情生活的狀況，也漸漸懂了為什麼母親總讓我感覺她的心是缺席、不在的。

那種不在的神情，彷彿在哀悼自己感情的空洞，有著一種很深的失落感——照片中的男人，是母親的初戀對象；同時，也是她最要好的朋友的男朋友。

聽母親講起來，她並不知道為什麼這個男人會突然對她獻殷勤，撩撥她的情感，讓她深陷進去。等母親發現自己也對他動了感情時，母親感到心的撕裂、對立，那種痛苦甚或自責，深達心肺，令她難以承受，也承受不起。畢竟，對方是她好友的男朋友啊。

母親甚至對自己居然動心，都無法原諒。

荳蔻年華的她，頭一回嘗到情愛的滋味，在表層的甜味退去之後，裡面的滋味不只苦澀，還帶著刺，叫人吞不下，也吐不出了。

兩方，都是她的所愛，但這兩種愛互相衝突，而且會彼此傷害。

「一邊是友情，一邊是愛情。」有首流行歌曲就是這樣唱的，「左右為難」，如何面對？兩方在心裡的交戰，已讓母親難以自處；內心對自己的批判與自責，更是讓她不知該如何在這世上立足。傷心、不知所措的她，只好選擇離開家鄉。

這段不只沒有結果、甚至連開花都沒有的感情，就這樣深埋在母親心底，讓她一再一再回顧，一再一再傷神。

後來，最要好的朋友跟這個男人結了婚，他們是如此天造地設的一對，兩人也攜手白頭。

後來，他們成了我的乾爹、乾媽。

替我找個乾媽，託付她的親身骨肉

母親黯然離家多年，沒有對任何人透露離家的原因，離家後，也未曾與家鄉有任何聯繫。依我對她的了解，我猜想，若不是有後來的發展，母親很可能完全不想再去打擾過去的記憶及家鄉的親友。

可是，母親卻在我出生之後，在眾人始料未及的情況下，抱著才幾個月大的嬰兒回到家鄉，並且在遭她大哥強烈抨擊後，再次抱著孩子黯然離開了家鄉。這時，她更相信了自己命運的苦澀——父親突然音訊全無，懷裡又抱著我這個新生的稚兒，就算母親再怎麼好強，再怎麼想自力更生，在這樣的時刻裡，她只覺得命運未卜，前途渺茫。

她不禁憂慮自己要是有個萬一，甚至，可能在哪一刻不知怎麼活下去時，眼前這個新生命該怎麼辦？在這世上，還有誰，能讓她衷心信任，可以託付自己的親生骨肉？

母親想起的，正是她心底一直牽掛的人——她少女時期最最要好的朋友。

乾媽對母親多年後突然出現，而且還未婚生子，是無條件的全然接納，她對母親的愛，也延伸到這新生的孩子身上。聽母親說這孩子難養，半夜經常哭鬧，需要找個乾媽，才會比較好帶，她二話不說，按照古禮，把我收為她的乾女兒，也讓孤單的母親及她稚嫩的新生兒，在這世上有了依歸。

透過這層關係，也讓母親有了能堅強活下去的後盾。對於乾爸及乾媽，母親這一生，始終深愛也祝福著他們。

對於母親年少時那彷彿煙火般一閃而過的心動，以及後來命運的波動，我難以想像母親到底如何看待三人之間的關係；也難以想像，她內在對這段故事的自責、遺憾、傷痛有多深。

或許，年輕時的她，不只因此離開了家鄉，她的心也在那時離開了她自己。因為，從我有記憶以來，不管母親跟哪個男人在一起，都沒有真心快樂過，總是感到落寞，還有很深的不安全感。

個性，是擋在幸福前方的阻礙

在感情這條路上，母親是充滿矛盾的。即使到了現在，我自己也走過了好幾段感情，歷經世事之後再度回想當年的母親，仍難以揣想感情帶給她的折磨有多麼深。

母親少女時期的照片，笑容十分燦爛耀眼，甚至帶著點灑脫。然而，或許是因為放不下當年那段吞不下也吐不出的感情，後來又遭逢父親莫名其妙失聯，再加上現實生活的不安定，母親雖想勇敢追求屬於自己的愛情，情路卻始終坎坷。

我知道母親是勇敢的，她在決定要生下我之後，就沒有期待父親要負起什麼責任，所以一直以來，我幾乎沒聽她抱怨過父親。因為她很清楚，當初是她自己做出這個決定的。

在成長過程中，母親看到很多人委曲求全的留在婚姻裡，一點都不快樂，甚至互相折磨。她對這樣的婚姻一點興趣也沒有。她一輩子是個受苦不受氣的人，寧可自己咬緊牙關過日子，也不肯跟一個不懂得尊重她的男人朝夕相處，與其依附男人，她覺得還不如一個人生活還來得有尊嚴些。

可是，對於自己一直未能有段渴望中的愛情，未能有個如她所願的老公，母親仍是遺憾的。雖然沒有委屈自己待在一個不快樂的婚姻裡，但在她的獨身生涯，仍不見她開朗的笑臉。記憶中，只有我跟母親兩個人時，她經常會露出心不在焉的神情，彷彿在哀悼著她從未獲得的愛情。也因此，即使母親曾交往過幾個男友，也沒有因此而真正快樂過。

沒有男人，母親不快樂，內心有很深的缺憾；有了男人，母親還是不快樂，不斷找各種狀況抱怨對方，不相信對方會真的愛她。

在這些男人當中，母親跟繼父相處的時間最長。中間有一段時間，繼父回去美國，一直到我十七歲、快滿十八歲，他才從別人那裡得知母親未嫁，而從美國回來娶了母親。

母親第一次跟繼父交往時，一方面她不敢期待繼父會娶她，另一方面也嫌棄繼父年紀大她很多，因此那時的她快樂不起來，更無法享受這段關係。

等到母親真的跟繼父結婚，得到了她所渴望的婚姻，她還是不快樂。因為她認為她會跟繼父結婚，是為了要辦理領養我的手續，為了讓我有個父親，讓我回到我的另一個祖國——美國。然而，我覺得除此之外，母親仍想圓她當年荳蔻年華時的夢想——美國夢。

母親經常說，她會跟男人生活在一起，都是為了我，為了給我一個安定的家。她選擇的男人，都是從我的角度來考量。這千真萬確。她身邊的男人，每個都對我很好。

母親曾告訴我，在我小時候，曾有個男子令她再度心動，也興起想要與他共度一生的念頭，可是就在此時，對方提出要跟她分手，理由正是有我這個「拖油瓶」。

母親心情陷入低潮時，就會提起這件事，聽到這個，我總恨不得自己可以立即死去，恨不得自己從來沒誕生在這世間，好讓母親可以得到她該有的幸福。這個念頭，一直烙印在我心裡。「如果沒有我，媽媽會過得更好。」隱隱約約的，心裡藏著一種希望自己消失的執念。

多年後，與乾媽談起這件事，才聽說，在那段感情結束後，母親曾感嘆表示「女人不能太驕縱」。現在我也才明白，當初分手可能並不全然與「拖油瓶」有關，其實她心裡也明白，個性也許是阻礙她幸福的原因。

這又讓我想起，媽媽只要生起氣來便口無遮攔，小小年紀的我，把這些話都當真了。

母親愛我，我卻無法感受到她給我的溫暖。我愛母親，卻摸不著她的心，總覺得她不喜歡我。但其實，我知道母親是愛我的，她把所有的愛都給了我，我從來都不需要跟其他人分任何東西，家裡無論什麼都是我的。

母親聽到身邊很多人的故事，有些人的兄弟姊妹不長進，拖累其他家人，母親說她擔心萬一再生個弟弟或妹妹，若是不夠優秀，怕會讓我的生活添加煩憂，所以她一直不願再多生一個小孩。

她總是竭盡所能，幫我安排整個生命跟環境，在她的能力範圍裡，給我最好的，我就是母親的小公主，她把我照顧得真的是無微不至。即使在母親生活最艱苦的時候，也沒想過要放下我。她絕對是一個百分之百負責任的媽媽。

但是，自幼敏感的我，活在她這樣矛盾的心緒中，我感覺不到她的溫暖，我愛她卻又無法靠近她，我真的不知該怎麼辦？

記得有一年的母親節，我省下將近一個星期的午餐費，遍尋各個書局，終於找到一張非常精緻且昂貴的卡片，我滿心歡喜的將卡片交給她，卻換來一陣奚落與教訓。除了嫌棄與挑剔，母親沒有一絲喜悅之情。當時我好錯愕，從此，我愛的表達也凝結了。

沒有其他大人的開導，我的愛就這樣凝固了好久、好久。

這世界上，就我跟她兩人相依為命，在這麼簡單的關係裡，卻有這樣複雜矛盾、難以釐清的互動，那真是年幼的我最沉重的負荷。我一直納悶，為什麼這麼親密的親情，卻藏著如此複雜的情感糾葛。

混血兒的外表，讓我退縮與封閉自己

由於跟母親相處得保持一點距離，才能讓兩人的關係不至於時起衝突，再加上沒有其他手足，所以小時候的我非常安靜、聽話，甚至有些自閉，有什麼話都往肚子裡吞，不會說也不會表達。

有時候，大人會聊一些不好給旁人聽到的事情，看到我在旁邊，就會說有小孩在旁邊不要講了。我媽都會很篤定的說，不用擔心，她只會聽不會學，也不會說出去。

在家裡，是這樣。在學校，尤其是上了小學之後，我的混血兒長相、單親家庭的背景，更是讓我與整個環境格格不入。調皮的小男生不時作弄我，鄰里的眼光或是歧視或是可憐我，都讓我更加害羞退縮、封閉自己。

小學時，我最要好的朋友是房東的兒子。他跟我念同一年級，比我大幾個月，因為在幼兒時期感染了小兒痲痺，無法像其他小男孩一天到晚跑出去玩。他們就住在隔壁，所以我幾乎每天都跟他玩在一起。

我經常玩他的腳，當他爬行的時候，我就跟在後面拖著他柔軟的雙腿，也經常背著他到處玩，有一次兩人還從二樓滾下來。放學時，我會到教室裡陪他，等他父親騎摩托車來接他回家，自己再慢慢走回家。有很多年的時間，我們一直是很要好的朋友。

我媽就說，不管他到哪裡，我都會背他，甚至還說長大後要嫁給他，因為如果我不照顧他，就沒有人會照顧他。這樣的感情一直維持到進入青春期，在大家常常會拿男生愛女生的事情來嘲笑後，才漸漸淡去。

這個好朋友，在我生命裡扮演很重要的角色。他讓我在踏入演藝圈之後，懂得關心弱勢團體，造訪孤兒院、教養院跟監獄等等地方。

在當時，表面上看起來，感覺像是我在照顧他，但事實上，我們是相互陪伴。從跟他的相處中，我才意識到自己的價值，我跟他之間，也不是所謂施與受的關係，更無所謂施比受更有福，而是一種很完整、很平等的互動跟關懷。

說起來，其實我是最大的受益者，因為他，我從這世界感受到了真誠的溫暖與快樂。

無法失去彼此，卻總在刺傷對方

母親想要生一個洋娃娃的願望，是那樣單純美好。但是實現、成真後，卻經歷了重重考驗。人們的另眼相待，讓我日後對歧視這個議題非常敏感，尤其是種族歧視，只要看到相關的對立事件、聽到有歧視意味的話語，都會讓我的心很痛很痛。

母親隻身帶著我這個外表一看便知是混血兒的孩子，生活行事總是十分低調，也因此我們對外的生活圈子非常簡單。

在我整個童年與少女時期，母親是這個世界上，我唯一深愛、也唯一確信擁有的人。母親也用她的愛緊緊裹住我、控制我、依賴我，讓我們兩人在情緒、在心思上，都成了生命共同體。她開心的時候，我跟著開心；但是她不愉快時，我也沒好日子可過。

母親只有我這個孩子，她不自覺的依賴上了我，要我為她的所有情緒負責。有時候我們兩個鬧彆扭，我也吃定了她那麼愛我，藉此撒野任性，要母親先低頭。但更多時候，我體認到母親的辛苦與委屈，總在節骨眼上習慣性的閉起嘴巴，讓爭執不致白熱化。

正因我們都那樣深刻的體認到不能失去彼此，所以兩人之間其實並沒有真正經歷過很大的衝突與爭執。

這樣彼此緊緊相黏的愛，一不小心，就會說話刺傷對方，讓我們之間的相處有了很多糾葛，還有許多傷痛。

小時候，我經常把生活中的不如意，全都歸咎給父親的缺席：因為他的懦弱、沒有承擔、不負責任等等等，讓我跟母親要過這樣辛苦的日子。

可是，年復一年、日復一日，我與母親之間累積的不如意、不順心與日俱增，我漸漸無法將這些難過、不舒服全都推給不知人在何方的父親。再加上，隨著我的成長，進入青春期，自我意識越來越強烈，想叛逆的衝動湧了出來，我想脫離母親對我嚴密的掌控。

除此之外，我也越來越清楚整個社會是怎樣看待一個生了混血兒的單親媽媽，一個社經地位不高、不時會更換男友的女人，我那無處可去的情緒已難以壓抑。

如今視為失婚女性的正當交往，當時對我來說，可不是一件光彩的事。

那段青春期，我們母女倆只要在一塊就容易鬥嘴，我瞧不起母親，嫌棄她不登大雅之堂，在那個階段開始不加掩飾，可以說人類頭腦裡面，所有對媽媽的批判、看不慣，在當時，我一樣都沒少過。

即使如此，在我內心深處，還是非常體諒母親為何會這麼容易煩惱，這麼沒有安全感。我心裡既疼惜她，又埋怨她，這些糾葛，我多年來從不曾對任何人說起。

母親沒有一技之長，又帶著一個孩子，長期只能靠標會做為穩定的經濟來源。她好強，對自己要求很嚴格，又深深感受到命運的不可掌握，這些都使得她養成對於可以掌控的事一定要掌控到底的個性。

她沒有辦法接受自己處在無法控制的狀態，也無法承受自己一旦不在時，世界依然運作如昔的恐懼。

兩個人已經夠麻煩，又加了一個繼父……

十五歲那年，有一天晚上，我聽到母親暗自啜泣的聲音。

在我年幼的印象中，不時會瞥見夜深人靜時，母親一個人偷偷掉淚的畫面。那時，我只能暗自坐在床邊哭著陪她。這回看到此情此景，我知道母親大概是又被人倒會了，我躺在床的另一邊暗想，我能做些什麼讓她停止哭泣呢？

搭會、跟會、以會養會，是那個年代許多女人的理財方式。母親對金錢極度沒有安全感，卻又必須經常在金錢方面冒險。雖然母親兒時沒能嘗到家庭的溫暖，但家境堪稱優渥的她對太過勞動的工作也不願意做。組織互助會，變成了她最主要的經濟來源。

屋簷下就只有我們兩個人，母親對這事並沒有刻意隱瞞。

當時，我覺得自己已經夠大了，得做點什麼來幫助母親紓解經濟壓力。

我會彈琴，也會唱歌，又正值民歌運動風起雲湧之際，於是我開始利用課餘之暇，到牛排館、西餐廳、Piano Bar 自彈自唱，打工分擔家計，減輕母親肩頭的重擔，接著自然而然就開始走入演藝事業。這份工作，讓我有了養活自己的能力。

十七歲繼父從美國回來台灣，跟母親辦了結婚手續，也把我帶往美國。這是母親的第一次婚姻，她終於嫁為人婦。母親旅居美國的這段時間，我跟母親的相處問題始終未能和緩下來。如今，又加入繼父，原本只是母女兩人之間的冷戰、鬥嘴、爭執，演變成更加複雜的三角習題。他從來沒有過任何孩子，為人非常正直，對於教養，他當然也一絲不苟。

十八、九歲的我實在難以忍受，仗著自己能自食其力，我決定離開他們，嘗試過一個人的生活。

回到台灣之後，日子是有些寂寞，但是與其在別人掌控下生活，我寧可忍受寂寞。

2

如果有爸爸，多好

我與父親

父親是什麼呢？

是有寬厚的胸膛，可以在你傷心的時候當避風港；在你不知所措的時候可以諮詢，覺得無論走到哪裡都有靠山；還是幽默風趣，經常讓家人開懷大笑，感覺人生充滿光明？

對父親這個角色，我實在太過陌生，陌生到我完全無法理解。父親對我來說，是一個好大的空洞。他讓我可以將生活裡所有不如意、不順心，通通丟到那個洞裡去：因為我沒有父親，所以才會如何如何……如此，我才能好好過日子。所有的過錯，都是因為我沒有爸爸！

小時候，當我看到別人家裡都有父親與母親時，我的內心難免會因為自己沒有爸爸，而感到自己的生命好像有好大好大的缺憾。因為，我真的不知道父親是什麼，又該如何理解起。

母親說，小時候抱我出去時，有時候我看到別人的爸爸，就會跟著叫爸爸。我這樣的舉動看在母親眼裡，總是讓她感到非常心酸，好像我很需要一個父親，而她卻無法給我。

母親為了給我完整的愛，一輩子只生我一個孩子。母親對我來說，是我的全世界。可是，我，身為孩子，再怎麼樣，都只是母親那個成人世界的某個部分而已。

她的喜怒哀樂，她的一舉一動，在在左右我的一切，我極其敏感，不可能無動於衷。這一切的一切，自然塑造了我早年的性格。

那樣的我，很早就懂得只要把臉往上抬，讓淚水往肚裡吞，不滑落下來。

那樣的我，發現自己的與眾不同，卻不知如何與人相處，而羞怯退縮。

那樣的我，只好將無處可去的情緒，全都歸結到父親身上，這樣，我才能跟母親一起繼續生活下去。

在幻想中，我編造了許多關於父親的幻象。只存在於想像中的父親，其實根本有如空氣。父親的位置，是這樣大的一個空缺，以至於當我在生活裡碰到任何難過、不順利的事，都可以將內心無法處理、錯綜複雜的一切丟到裡面去。安慰自己說，只要有了父親，一切都會迎刃而解。

母親的男人們，以及我的聖誕節禮物

生活裡，由於母親的關係，先後曾有過幾個男人進入我的生命。他們暫時做為階段性的父親，帶給我對父愛的短暫體驗，讓我感受過雙親並存時，那份家庭的溫暖與安定。對於他們，我心裡充滿感謝。

最早有印象的是大約四歲時，母親交往的一位男友 Tom。

由於他工作的關係，我們跟著搬到台南住了好一陣子，當時住的地方，旁邊就是農田，早上起來都會聽到農夫犁田、吆喝著牛往前走的聲音。

Tom 來自美國田納西州，跟他同住的時候，每天早上起床一定都會聞到咖啡香，入耳的全都是西洋鄉村歌曲，我跟西洋歌曲、甚至跟音樂的緣分，就是這時候種下的。

他非常疼愛我，把我當成洋娃娃對待，讓我要什麼有什麼。直到現在，只要聽到當時那些音樂，聞到咖啡香，小時候那股幸福感就會湧上來。

後來我跟母親在美國時，曾特地去找過他，我們一直很想念他。但是再遇見他時，他已經成了酒鬼，每天一早起來就是喝酒。從陸軍退下來之後，他似乎也從生命中引退，回家照顧年邁的母親。

他與我們分手後，一直沒有結婚，卻也沒再來找過我們母女。再度跟他見面時，他一直說這輩子最快樂的時光，就是與我們母女相處的那一段日子。

可是，他後來到底發生了什麼事，讓人生這樣一蹶不振，我們也無從得知了。

繼父 Floyd 是德裔美國人，他進入我生命的時間約莫是在我小學三年級。他的出現，讓母親可以有更好的生活環境，還可以待在我身邊陪伴我、照顧我，不用外出打拚工作。

繼父自己沒有小孩，年紀又長，約比母親大上二十多歲，對我也非常疼愛。記得有一回繼父與母親要去參加 party 前，我正為了媽媽不答應我買溜冰鞋而鬧脾氣。沒想到 party 才進行了一半，繼父就先溜回來，塞給我買溜冰鞋的錢，馬上讓我破涕為笑。

還有一次，我的腳踏車鎖在樓梯間，輪子被偷了，他看我很傷心，二話不說就去買了適合的輪子裝上。他在我們身邊的這段時間，讓我真實感受到來自父親關愛的滋味，那是我人生非常豐富快樂的一段日子。

那時候，他經常坐在客廳一張深藍色沙發上看書，母親就在廚房裡做飯，我呢，則是抱著一碗很漂亮的冰淇淋坐在繼父身邊，看電視影集。光是回想起這樣的畫面，就讓我感到無比的幸福。

當時，我們每週三晚上都會去美軍俱樂部，那裡有現場樂隊演唱，一大群小蘿蔔頭會聚在一起跳舞。

繼父所在的那個工作團隊大約有二十多人，很多人都娶了台灣老婆。假日時，大夥經常舉行派對，或一起出遊，上山下海去度假。出遊時，一台台轎車頭尾相連，我經常坐上領頭的敞篷車，從我第一台開始按起喇叭，聲勢真是壯觀啊。

這段歡樂時光，生活相當優渥，母親也能專心做個家庭主婦，料理家務。在那個年代，一顆蘋果貴死人，我卻是吃到不想再吃。冰箱裡滿是可樂與牛排，各式甜品、零嘴琳琅滿目，同學與親戚最喜歡到我家作客。

聖誕節還沒到，我就拿到美國的聖誕節商品型錄，從第一頁開始翻起，然後打勾，選擇我想要的東西。到了聖誕節，聖誕樹下滿滿全是禮物。後來我自己有了女兒，對她們從不吝惜，可以說都是因為這段時間曾經受到過這樣的對待。

好不容易有了爸爸，卻陷入衝突與口角

繼父的存在，在生活上跟心理上，都讓我覺得自己有了父親，不必再靠想像去填補多年來父愛的空缺，內心十分踏實。也因此，小學六年級時繼父離開台灣，讓我的生活彷彿有了一百八十度的大轉變，那種落寞、孤單、甚至被遺棄的感覺，真是難以承受。

繼父離開的那幾年，我很想念他。他不在之後，家裡在金錢跟精神方面的支持都不見了，母親以當互助會的會頭維持生計，後來還被人倒會。我為了幫助家計，開始透過演唱多少幫媽媽賺取一些生活費。

十七歲時，繼父在美國遇到熟人，才得知母親一直未嫁；他決定要回來台灣找我們。在機場時，我都還沒看到他，眼淚就一直流，一路回到台北的途中，我還是無法停止哭

泣。這時，我才發現，他雖不是我親生父親，我對他的思念仍是如此強烈。

繼父與我們重逢之後，為了帶我跟母親去美國，也為了能在我滿十八歲前辦理領養，很快便與母親辦了結婚手續，從此我也有了父姓。

然而，跟著繼父到美國居住之後，我原本對於重新獲得父愛的滿懷期待，卻走了樣。

繼父此時已經退休，和往日意氣風發的模樣大不相同，加上跟同一個妻子離婚兩次，每次都必須把財產分一半給她，經濟狀況每下愈況，住在一個很普通的中等社區裡，幾乎沒有什麼社交生活，與昔日在台灣的熱鬧不可同日而語。

我們剛到美國，一切都很陌生，繼父不再像以前一樣只是寵我，而是處處管我。正值青春期的我，對此反彈很大。

在這樣日復一日的親密相處中，喜歡掌控、老愛嫌棄嘮叨別人的母親，與繼父發生摩擦的頻率變高了。以前那種溫暖歡樂的感覺，全變了調。比起過往，媽媽現在強勢多了。

在台灣時，因為只有兩人的世界，我跟母親如果起了口角，通常只要我閉上嘴，雙方就會安靜下來，吵不下去。但是現在，母親與繼父兩人經常為了一些微不足道的事爭執，讓我很不適應這樣的衝突氣氛。在美國住了一年多，由於我已經有自力更生的能力，加上性格日漸成熟，我決定回台灣，正式踏入演藝圈，成為中國電視公司的簽約藝人。

每天呼喚爸爸的名字，他竟然真的出現了

二十歲那年，我第一次看到自己的親生父親。

當年繼父離開台灣，我很失落，很難過。而每當有人提起我的親生父親，我也會不禁紅了眼眶。

對繼父那種思念、傷心的哭泣，緣於過去他曾經用心對待我，給了我相當豐富的生活與關懷。我們之間的情誼，有好幾年歡樂的時光做為基礎。可是，一個素未謀面的父親，連長相、個性都不清楚，對我來說只是一個如同夢幻泡影般的想像，我到底又是為何而泣呢？

這個問題，說實在的，我還真答不出來。只知道，當時心裡一直有股怨氣、憤怒，希望有一天能看到他愧疚的眼神。

這樣的我，誕生到世上二十年後，終於有機會能與親生父親相見，又會是怎樣的情景呢？

多年來，父親的缺席，是我莫大的遺憾。這麼大的空缺，逐漸在我生命裡凝聚成一個我有生之年必須完成的任務。這是我必須要找到他的原因。我從小沒有親生父親的疼惜，對這個角色不知道、不理解，也不熟悉，我擁有的，只是數不清的想像跟推測，還有道聽塗說的許多概念而已。

當時，我以為找他，只是為了要完成我跟母親已經進行了二十年的事情。一件做了這麼

久的事情，沒能得到一個圓滿的結果，總讓人掛在心上。後來才明白，原來，那是一種找尋自己的尋根之旅。

找父親，要做什麼呢？

二十年的光陰已經過去，無法改變，也無法彌補。更何況，我也沒有想要他彌補些什麼。如今，我都已經長大，能夠自立生活了。我還圖什麼？

但是一想到，也許有朝一日能與父親相遇，我的腦海裡就會浮現很多自以為很帥的畫面。

如果找到他，我一定要讓他知道，我來，是為了替母親討公道，不管他要不要見我，那是他的事，我有權利質問他的狠心。小時候，我甚至想出一些很戲劇化的動作，比如說，見到他時，我連話都不說，甩他一個巴掌，轉身就走。

每次只要看到電影、電視出現類似的情節，總會在腦子裡演練個幾十次，甚至上百次。大約在我六歲的時候，中國電視公司有一部經典連續劇《晶晶》，描寫的就是一個女兒歷經千辛萬苦尋母的過程。每次看著這部劇，小小年紀的我，就開始幻想有一天，我也要去找我爸爸，然後……

慢慢大了以後，每次想起父親，情緒開始轉為憤怒、瞧不起，總認定他是個懦弱、沒有肩膀的男人，所以才無法面對我跟我母親存在的事實。雖然，母親從來沒有在我面前埋怨過父親，但社會上對於這種男人的評論卻時有耳聞，當然我也覺得顏面無光。

從美國回台灣之後，有一回朋友帶我去中山北路見一個道姑，我將自己想要找到父親的心願告訴她。她教我，每天早上在太陽升起後及太陽下山前，一隻腳跨在門外，一隻腳在門內，拿三炷香拜拜，同時要呼喚父親的名字三次，請他回家。

我依言照做了一段時日後沒多久，有天半夜，我媽從美國打電話來說，她找到我爸爸了。

萬萬沒想到，世界的改變可以在彈指之間就發生。

明明知道我的存在，為什麼就是不肯見我？

那時候，在美國的母親去朋友家聊天，對方的先生是美國人，聽完母親跟我的故事後就說：「這很簡單，我幫你打電話去問問。」

當時母親手上的聯絡資訊，只有父親二十多年前留給她的家鄉地址。母親朋友的先生打電話到那一州的查號台，對接線生說，這是緊急電話，他手上只有一個二十多年前的舊地址，現在有事，一定要找到這個人。失聯這麼多年，沒想到真要聯絡時，卻如此簡單。

接線生照著查到的電話號碼撥號過去，接電話的人是他的太太，她將電話轉給我爸。講了幾句話，我媽就問他要不要看我，他回答不要。

我媽掛上電話，立刻打電話告訴我：「我找到你爸爸了。」

我問，他有沒有提到說要見我，我媽說沒有。

聽到這樣的回答，我怒火中燒，同時卻也興奮不已。

因為一旦知道了他的下落，要不要見我，哪是他可以決定的。我立刻訂了飛往洛杉磯的機票，開始我的萬里尋父之旅。

母親跟我講完電話後，又打給一位阿姨。在我十三歲繼父離開台灣後，家裡又只剩下我跟我媽兩人。這位阿姨的先生是美國報社的記者，我媽媽想他既然是記者，應該比較了解該如何尋人，就拜託他們尋找我的父親。

幾個月後，阿姨寫信來說，他們沒找到我父親，信中盡是一些鼓勵我們母女的貼心話，要我母親帶著我兩人好好過日子，要自立自強，不要再想太多。

當我媽一跟我爸聯絡上，她便馬上打電話謝謝這位阿姨，讓她知道我們終於跟父親聯絡上了。直到這個時候，我跟我媽才知道，原來當年阿姨其實已經聯絡上我父親，但是他不想跟我們聯繫，阿姨只好回報說根本找不到人。

多年後，知道這件事，我的情緒無比複雜。

這個叫做父親的人，我們找了他那麼久；這個人，我們一直期盼他出現，他卻如此罔顧我們的存在，從來沒探問過我們生活得好不好，比陌生人更陌生。

他曾經三次拒絕接受我。第一次，是我出生後母親把我的照片寄給他，他不聞不問。第二次，是十三歲時，他拒絕跟我們聯絡。第三次，我已二十歲，母親親口問了他，他還是不願見我。他，憑什麼不肯見我？我到底做錯了什麼？

要去見這樣一個父親，我內心的痛，就像插上了一把刀，時時刮著、剖著、刺著。

可是，即使心痛，我也要讓自己很有風度，要無所謂。無所謂他拋妻棄子，無所謂他三度不認女兒，無所謂這二十年來我受到的任何委屈與歧視。我，無所謂。

無所謂，我就只是想看看自己的親生父親。我有這個最基本的權利。同時，我也要看看他無法正視我們母女的那個眼神，僅此而已。

沒什麼，只是女兒很想看看父親……

到洛杉磯後，我和母親其實還是不清楚他真正的住處，也沒有聯絡電話。那通聯絡上他的緊急電話，是接線生直接轉過去的。

我跟母親兩人開了兩天兩夜的車子，除了上廁所、吃飯，我們就照著二十多年前的地址一路尋去。在高速公路上，我看到一個跟那個地址很像的路標，方向盤一轉，急急下了高速公路。這一字之差，卻是冥冥中的力量相助。

我們下了高速公路後，找到郵局想問手上的地址該怎麼走。郵局說這個地址十多年前早已不存在了，要我去查電話簿。

在電話簿上，我找到了父親的名字。如果不是在高速公路上陰錯陽差開了下來，而是按照多年前的舊地址去找，至少還要再開上三、四個小時的車子。巧的是，我父親的家就在離這裡不遠的地方。

抄下了地址及電話，我跟媽說：「走，我要去看看他住的房子。」

五分鐘後，車子開到了一個斜坡上，眼前的房子就是我思念了二十年的父親的家。望著它，我的心跳急促，腦子卻一片空白，世界霎時停頓了下來。好多的委屈湧上心頭，我跟媽媽兩個人就這樣安靜的在車上待了二十多分鐘。

那是雲層滿天的週二傍晚，天色漸漸灰暗，望著花園裡的鞦韆，我心如刀割。

回神後，我說：「我們先找個住的地方，梳洗一下再說吧。」於是，我們就近找了間 Motel 住了下來。

洗過澡後，我媽按著電話簿上的號碼撥了過去，是他太太接的電話，她很保護她先生，對於我們的突然造訪，我媽只是在電話裡輕描淡寫的說：「我們就在附近。沒什麼，只是女兒很想看看父親。」

她說先生還沒下班，她會打電話告訴他。她讓母親把電話轉交給我，電話裡，她跟我說了一些我父親有多好、他們有多幸福之類的話。聽得我淚如雨下。我可以察覺到，她很怕我去干擾他們平靜的生活。

媽媽看我哭得厲害，搶過電話，這時的我，什麼都看不到，什麼都聽不到，我非常委屈，只知道哭，眼淚完全不聽使喚。

當天晚上，我不知道自己到底哭了多久。終於，他跟他太太出現在我們住的地方。看到父親的那一刻，我什麼話也說不出來。所有先前在腦海裡演練過的畫面，早忘得一乾二淨，看著父親同樣哭紅的雙眼，我轉而心疼起來。這時，我似乎感覺到這麼些年，或許他心裡也不好過。

去美國之前，我親手準備了一本相簿要給他，裡頭貼著我從小到大的相片。剛見面時，我們什麼也沒多說，這麼多年的思念、那麼多的委屈與心思，全化成了淚水。

一切的一切，此刻都凍結在我一張張童年的照片裡。坐在一起，我們一起看著眼前一頁頁的相片，這個片刻，是我這一生中第一次跟這個人心靈交疊。

我，終於見到我幻想已久的親生父親了。

當天晚上，我們去見了我奶奶。她並不知道我的存在，後來奶奶私下告訴我，其實她曾在父親的抽屜裡看過我母親寫的信，還有一張我嬰兒時期的照片，她雖然心裡疑惑，卻從來沒跟我父親提過這事。

真沒想到真正跟父親見到面，我沒有甩他巴掌，反而用善解人意的態度面對。

我必須讓媽媽有面子，證明她把我教得很好。母親，心裡一直有個願望，希望讓這個她曾深愛過卻遺棄她的男人刮目相看。同時，她也希望能看到父親欣慰的眼神。

那一刻的媽媽，似乎也像在給父親一個交代。

夠了！我絕對不會再自取其辱

除非自己親身體驗過，一般人很難想像我母親的複雜心情，即便是我。這一生，真是難為她了。

父女見面後，有一次，我受邀到拉斯維加斯的凱薩宮演唱，我請了父親全家人來看我的表演，他、他太太、他兒子、兒子的女朋友、奶奶，以及家族裡的一些親戚，還派飯店的大禮車去機場接他們。那是美國當時最頂級的國際舞台，在我上一檔表演的是麥可．傑克森。

那一刻，我替母親向父親證明，過去這二十多年來，沒有你，我們也活得很好；沒有你，我媽也能把我教養得很好。沒有你，除了痛之外，我們一切都很好。我甚至希望，他會後悔沒能跟我們一起生活。而這也是我用來提醒他的方式，讓他看清楚自己有多麼不負責任。

我站在凱薩宮的舞台上，看到了母親難得的自信與驕傲，她挽著男友的手臂，顯得如此有分量。

我們父女相見後，相處的方式就像朋友一樣。父親有自己的家庭，所以後來當我再到美國時，都是去住奶奶家。

有一回，父親也在奶奶家，我們一起看電視，正好播出父母遺棄小孩的新聞，坐在電視機前的父親脫口而出：「很難想像，怎麼會有父母親做得出這種事。」

當時，我既驚訝又不解。我心想，你自己不就是這種人？但當下，我一句話也沒說。我要說什麼，又該說什麼？二十年來，即使母親從沒在我面前埋怨過，即使我們與他見面後還若無其事的維持著該有的風度，可是，我內心深處那種被遺棄的痛，還是經常被攪動，無法一筆勾消啊。

我的自尊心之強，有時連我自己都很驚訝。一直以來，只要嗅到別人有一絲一毫嫌棄我的意味，我鐵定轉身就走，不讓別人有任何機會嫌棄我或先離開我。我絕對不再讓自己嘗一次被丟下的滋味。這樣的滋味，一生只要一次就夠了。

父親的遺棄，不是我能選擇的；但是長大後的我，絕對要將這個權利拿回來，任何人都不許再這樣對待我。

被遺棄的痛有多深，即使表現得再怎麼不在乎，但痛就在那裡，如鯁在喉，有時一點點小事，就會被喚醒，教人苦不堪言。

可是，眼前這個人，這個我傷痛、恐懼的始作俑者，怎麼還能如此大言不慚？是父親太遲鈍，一點都不知道自己做過怎樣的事？還是我過分誇大了被遺棄二十多年的痛苦？

心，好痛。但我很清楚，我還是愛他、在乎他，這個我稱為父親的人。

對生命，從此有了真實的理解

那樣的愛，打從我獲得生命那一刻很自然就存在了。

即使二十年不相見，即使二十年來不知道他長什麼模樣，過著怎樣的生活，身上有怎樣的味道；即使二十多年來，他對我來說，就像空氣，就只是一個可以讓我把所有情緒往裡頭丟的大洞。

素昧平生，但我很愛他。

他，始終是我的父親。我的痛，是因為不明白，不明白與我血脈相連的他，為什麼會搞不清楚自己做過怎樣的事情；我的痛，是因為給了我生命的他，怎麼可以完全不知道他讓我過著什麼樣的屈辱日子；我的痛，是因為我跟他有這麼深刻、難分難捨的連結。

這樣的痛，卻被包裹在遠超過我的心智所能理解的愛裡頭。

在那一刻裡，我的沉默遠比哭天喊地還要令我震撼。沉默，是二十多年的時光所淬鍊而成的。我聽到心裡的吶喊：「我就是那麼可憐，你看到了嗎？我的苦，難道不算嗎？」

沉默裡，隱藏著許多我不了解的事情。這麼多年來，我丟進「父親」這個大洞裡的傷痛與不堪的情緒統統湧了上來……

跟父親、奶奶開始有互動的若干年後，因為相處，我逐漸觀察到了一個現象。當他們談到黑人與少數民族時，言語中會不自覺的透露出一種歧視意味。相對於其他地區的美國人，南方人還是存在著一些傳統偏見。

我開始推理出父親當初不能跟母親結婚、帶母親回美國的可能原因。

父親出生的美國南方，是比較保守及排外的地區。六〇年代，如果娶了個台灣女人回家，在這種氛圍下，一定會受到排擠。

父親認識母親時才二十一歲，他是獨子，奶奶又家教甚嚴，加上外界的壓力，種種因素，可能讓他無法承認自己真正的感情吧。

這些揣測讓我意識到，即便父親當年接了我跟母親過去，我們可能也會過得很辛苦。而我，也許還是會受人歧視。

想到這兒，算了！這樣的安排，也許是一個更好的結果吧。

找到父親，我生命中那個大洞總算被填滿了。面對真實的人生，有真實的互動，我對生命的真實理解，自此才逐漸展開。

走出虛幻想像，
迎接另一個自己。

3 兩個受傷靈魂的相遇 我與前夫

打從在美國因不想再看到母親與繼父那樣的相處，回到台灣後的我，過著一個人闖蕩的生活。即使工作穩定順利，即使不缺男友，即使有好朋友相伴，都無法抹去我的落寞。

有時候，我也會想念母親。可是，好不容易挪出時間飛去美國看她，每一次，又總是落得不歡而散。

在母親家裡，她一如往常，無時無刻緊緊盯住我。

在美國，出門一定要用到車，有一回我開母親的車子出去，不小心被開了張罰單，結果那一整個禮拜，母親為此從早念到晚，彷彿我給她帶來了無法抹滅的大污點。

我被惹煩了，就去租了輛車，我沒有開去哪裡兜風，就擺在門口給母親看。看著一天天幾百塊錢美金的租金從門前不翼而飛，母親更是心疼。

相愛容易，相處難。

如今，母親在美國又有了屬於她的家，但很明顯的，那個家不屬於我，我的心並不踏實，我找不到屬於自己的根。這飄蕩的心、孤伶的人，到底該如何創造自己的幸福？

我真的好渴望能有一個屬於自己的家啊。

卜卦的說我四十天內，一定會碰到未來的老公

一九八七年十月，我到美國宣慰僑胞，巡迴到紐約時，有人提議到某個朋友開的餐廳吃飯。那裡有個資深服務生，據說很會用易經卜卦，一時興起，我就當場讓他卜了個卦。對方斬釘截鐵對我說，回到台灣後，四十天內，我一定會碰到一個對象，從此，兩人會過著幸福快樂的日子。

在這趟為期一個多月的行程裡，我們在德州達拉斯表演時，遇見一位演員朋友，她認識一個美國男生，兩個人很來電，問題是她不會講英文，這個男生又不懂中文，兩人之間的語言溝通一直是很大的障礙。

這種事，也不好找交情不深的人幫忙。朋友找上我，請我居中翻譯。有趣的是，雖然他們語言不通，但我倒是很看好這一對。

我們結束行程回到台灣不久，他們兩人相約來找我。我們約在台北當時相當著名、由天

王高凌風開的夜店「閣樓」（Penthouse）碰面，順著樓梯走上去，我一眼就看到一個外型搶眼的男士站在入口處，心裡冒出一句：這個男的長得不錯。

他們兩人已經到了，我開心走過去時，隱約覺得剛才那位男士尾隨而來。他們正式跟我介紹這個新朋友，他，就是我的前夫。

十二月中旬，掐指一算，這是我回台北後的第三十三天。

雖然是第一次碰面，我卻感覺與他很投合，心裡難免受到先前卜卦的影響，一心一意認定這個人就是我的真命天子！才認識三個月，我們就到律師事務所簽字結婚。

從小學三年級我就一路收情書，從美國回台灣後也一直不乏追求者，可是這一次在算命鐵口的推波助瀾下，我真的走進了婚姻。

我已經到了適婚年齡，也能夠自力更生，眼前這個男人英俊挺拔、文質彬彬，更何況，在與他相見之前就有美好的預言，讓我更加相信這是冥冥之中就注定的姻緣。

我是那麼嚮往能跟命中注定的伴侶，打造一個屬於我自己的夢想家庭。

我們兩人都是直到簽字結婚後才稟告雙方父母，三月簽字，七月請客，等我母親回台灣時，我們已經在發帖子了。

母親始終認為我把婚姻當兒戲，她不但對我前夫沒有好感，也從沒看好這一樁婚姻。

可是，那時一心一意活在自己憧憬中的我，怎麼可能會把母親的看法放在心上？

，我大了，翅膀硬了。母親，只好耐著性子，隨著我們一起步入禮堂。

結婚不到三個月，我就後悔了

結婚剛開始的那段生活，真的好甜蜜，我真心感受結婚真好，不只是有另一半的陪伴與關心，自己的心也總算安定下來了。

二十多年來，我沒有過一個所謂「完整」的家庭，而現在的我，自己就可以打造一個完整的家庭了，我也能像母親一樣生養屬於自己的寶寶，她或他會長得什麼樣子？又會是怎樣的個性？我們之間會展開怎樣的母子關係呢？光是想著這些，就讓我開心不已。

然而，陰影總尾隨在背後推擠挪移著。兩個多月後，我的心裡第一次浮現後悔的念頭。當時看起來，沒有發生什麼大不了的事，有的只是一種很模糊的感覺。我漸漸發現到我們的生活步調不一致，價值觀也不一樣，還有，心裡不知怎地總覺得哪裡怪怪的。

先前，我看到他與父親、妹妹住在一起，一廂情願的認為這樣才是一個完整的家庭。也正是這一點，讓他在我心裡加了好多分。想到將來可以三代同堂，溫馨的畫面，燃起我心中無限的甜蜜。

但是，對從小只跟母親相依為命的我來說，又哪知道怎樣才算是一個甜蜜的家呢？

跟母親的長期扞格，讓我不好受。但畢竟也只有兩個人，親友關係也很單純，而我在工作上的人際關係又很簡單。即使出社會後，我對人性與這個世界也沒有多深刻的了解與接觸。我只看到了家庭表面上的組成結構，沒有意識到原來家庭結構裡的互動，才是一個家的精髓。

我完全沒想過結婚後，會有適應上的問題。光是我跟他兩人的夫妻世界，就讓我不知如何調適。

譬如，他習慣獨來獨往。有時候，我跟他、他父親、他妹妹一起坐在客廳裡看電視，突然間，他一聲不吭就消失不見了。後來才發現他一個人進了房間睡覺，什麼招呼也不打。陪他一起上班時，也會莫名其妙就找不到人，不知他去了哪裡。

他讓我覺得，即使結了婚，他還是活在自己一個人的世界裡。

或許這是他自認為的藝術家性格，不管結婚與否，他照樣率性過日子，可是有時他卻又表現得那麼害怕孤單。

儘管有種種適應不良的情況，但畢竟只是一種模糊的感受，當時，連我自己都覺得專注於這些理由似乎也太任性了。我質疑自己不該放任自己，光憑一些說不清的感覺，就不再努力經營這段婚姻。

我心想，也許所有的婚姻都是這樣的吧！

老公很帥，婚姻卻布滿了謊言

其實，這段婚姻一開始，就埋下了欺瞞的種子。

比方說，當年我與前夫認識時，他讓我以為他的年紀比我小，一直到結婚兩三年後，我才知道這不是事實。

雖然這不是什麼大事，但為什麼要編這樣的謊言，隱瞞年齡的事實？當時，我百思不得其解。隨著我對他的過往及家庭生活有更多了解之後，才慢慢發現這是一種習慣。

有些時候，家人也會有類似的習慣，在我看來是一種欺騙的事，他們會把這樣的行為不以為意的用一句「善意的謊言」輕輕帶過。

他們眼中看起來的小事，經常讓我非常生氣。難道是我不懂事，不懂人情世故？難道睜眼說瞎話也是正常的社交行為？這是我在這段婚姻裡最掙扎也最困惑的地方。每一個謊言，都在我的心裡開戰。每一次真相現形，都再度考驗著我對他與他家人的信任。

家人之間的尊重，就這樣慢慢消磨殆盡。我對他們所說的話不以為然，而他們對我的反彈也無法消受。

滲透著謊言的起點，決定了這段婚姻的相處模式，也像是對這段婚姻下了詛咒。

當時的我，滿腦子只想著落實自己成家的美夢，這樣的渴望，讓我忽視了眼前的現實。

我的內在，對於一個圓滿的家庭有太深的期待；我對父親的浪漫想像，我對為人母的盼望，構築了我對婚姻的嚮往。我對這個婚姻是如此滿心期待——我好努力、好認真，我的老公很帥，卜卦的結果又說這是天付良緣，這段婚姻一定會如我所望的。

但是，天不從人願。

真要說起來，也不是天不從人願，而是我有太多的一廂情願。

這些一廂情願，遮蔽了我的眼睛，摀住了我的耳朵，讓我「不明不白」的走進這場婚姻。這段婚姻不只將我多年以來不自覺打造的美夢完全打碎，還徹徹底底把我打醒，讓我睜開雙眼、打開雙耳，看到了真正的自己。

當兩個在成長中受過傷的人湊在一起

說起來，我們的感情開始明顯變質，是在我生產後。

當我們得知即將要有小寶寶加入我們的生活時，都感到非常興奮。聽到這個消息的那一刻，剛好他妹妹和我們在一起，三個人都好開心，還一起去做產檢、看超音波，滿心期待第一個孩子的誕生。

但漸漸的，前夫不是每次產檢都到場，也不知道是不是我的要求跟期待太高了，我開始感覺被冷落。從他的反應來看，我逐漸明白，他雖然很高興有新生命加入，但其實並沒有準備好要當個父親。在他內心深處，還是希望能擁有我的全心全意，不想跟另外的人分享，即使是自己的小孩。

我喜歡小孩，也渴望當個好媽媽。我一廂情願的陶醉在當母親的美夢裡，大部分心思都轉移到孕育中的孩子身上。這麼一來，他好像回到單身一樣，擁有了很多屬於自己的時間與空間。他開始去找其他樂子，尋求別人的注意與關心。

孩子的出現，讓兩人世界濃如蜜的感情變淡，逐漸轉化為三人世界的親情。此時，也暴露了他不知如何建立更親密關係的困窘——他不知道如何面對這樣的關係轉變。既然不知道該站在怎樣的位置，又如何扮演好新角色呢？他的心裡充滿了疑惑與不安。當然，角色的改變也意味著責任的增加，還有壓力的加重。

這很可能是緣於他的父母親很早就離婚的結果，他跟我一樣，生活中缺乏好的學習榜樣。反觀我自己，雖然我也對家庭充滿幻想，但記憶中我曾有過跟繼父相處的那段美好經驗，我的心裡有個非常明確的夢想藍圖。

這樣的夢想圖像，在後來，的確有助於我經營第二段婚姻。但是，那時候，當他越逃避，我就越感到他不符合我的夢想，對他的指責就越來越多、越來越強。

別忘了，在母親多年的調教下，批評與嫌棄，無時無刻不在我腦海盤旋，這時它們已悄悄進駐到我的生活圈了。

我的夢想不僅得不到實現，反而成了壓力的來源。兩個對家庭只有滿腦子想像與受傷經驗的人湊在一起，沒有好的模範，既不知該如何溝通，又不知彼此該如何分享內在的狀況，關係慢慢陷入了危機。

跟前夫商量過之後，我們選擇第一個小孩出生前就到美國的奶奶家待產，前後我待了六個月的時間。會做這樣的選擇，一方面，是我想趁此機會，有較長的時間跟奶奶、父親相處，二方面，當時我跟母親之間有些心結，我想藉此氣氣她。

我一直提醒前夫預產期的時間，希望他能早一點來美國陪我，畢竟我人在異鄉，又是頭一遭面對生產大事，很期待他能在身邊支持我，並能第一眼就看到孩子，一同分享新生命誕生那一刻的喜悅。

這是我心中嚮往已久的溫馨畫面。但是，他找了各種藉口，遲遲拖到孩子出生後才到美國。這樣的態度，讓我深感氣憤，對他的指責更加強烈。

有趣的是，這也是一直以來我母親對我父親的抱怨：「我生孩子的時候，你爸爸不在我身邊，我當時一個人孤苦無依，好委屈。」無意識中，我創造了跟母親一樣的命運，而且不只是生第一胎，後來我生第二胎也發生一樣的狀況。

此後，生活上的不滿、抱怨越積越多，就這樣，兩人之間的甜蜜記憶變得越來越模糊。

等我回到台灣後，三更半夜開始接到一些莫名其妙女生的電話。

在簽帳單裡，發現一筆飯店住宿費……

在美國生完孩子回到台灣後，我把所有的心思幾乎都放在女兒身上。恩愛夫妻是什麼樣子，我可能不夠清晰，但是稱職的母親我可是親眼目睹。坦白說，我媽除了生起氣來嘴巴不饒人、嘮叨、挑剔、不好相處之外，她可是一個十分負責任的母親。

我非常享受帶孩子的樂趣，對孩子的照料，我都不假他人之手。

大約在老大三歲多的時候，有一天整理家務時，突然發現書架的最頂層，有一封被藏了起來的簽帳單。平常對家裡的開銷我從不過問，但對於這封被精心收藏的帳單，倒是引起了我的注意。

我耐心一筆一筆看下去。其中有一筆五星級飯店的消費，跟我們平常用餐的消費代碼不太一樣，於是，我拿起電話打到飯店詢問。這時，我已經開始為我即將要編織的謊言感到焦慮與不安。

我說：「我是公司的秘書，老闆不太記得這筆消費的明細，請問這個代號是什麼樣的消費？」

電話那一頭的小姐說：「這是飯店住宿的帳款。」

當下有如青天霹靂。

以往在一些比較特別的日子，我們小倆口會給自己一個比較奢華的犒賞：到五星級飯店開房間。但此時我很清楚，那段時間我們已經很久沒有如此浪漫的度假了。

拿著簽帳單，我當面質問他。他當然編了一套覺得可以說得過去的謊言，說是為了幫朋友忙。但以我對他的認識，那根本是一派胡言。那時候，我已經上了不少心理學相關的成長課程，對於人性有更深的了解。我不再像以前一樣，明知他說謊，但又氣急敗壞的無法證實。

這次他說話時，我把手放在他的胸口上，看著他的雙眼，他的心撲通撲通跳得好厲害。雖然我沒能證明真相，但是我心裡徹底明白是怎麼一回事，他眼神閃爍，含糊其詞，這些話再也說服不了我了。

對於愛情，我是很忠實的。我也曾在結婚後，遇見以前交往的對象，但我一點也不給自己或對方任何越矩的機會。

坦白說，遇見舊情人心裡難免有些眷戀，但我還是切割得很徹底。由於自己是那樣刻意堵住任何可能出軌的情境，再加上自己對愛情、婚姻的潔癖，當先生對自己不忠時，就會格外受傷，也完全無法容忍。很多憤怒因此不斷從心底湧了上來。

我們開始了無止盡的爭吵。令我痛心的是，當我開始硬著頭皮、睜大眼睛想看清楚真相時，其他更多遮掩的謊言一一爆開了。

新仇、舊恨，在雙方的爭吵裡一件件被挑明。除了吵他的外遇之外，我也開始挑剔他不夠關心孩子，諷刺他待人處世不夠真誠。甚至他用錢的方式，我都開始質疑，指責他明明是以債養債，卻好買名牌、開名車，打腫臉充胖子，這些行徑都讓我義正辭嚴。

母親量入為出的好習慣，讓我也養成了節儉的個性，從不崇尚名牌。生活上除了工作需要的一些治裝成本，我個人的開銷都盡量節省。但是，外遇發生後，我再也不願意單方面的精打細算了。

兩個人的感情一旦惡化，沒了信任，一點點小事，都可以掀起滔天大浪。而且只要一想起，或懷疑他跟別的女人在一起，心裡那把無名火便會燒得更加旺盛，不可收拾。

當時的我根本難以自處，不只是對方的不誠實讓我難以忍受，我編織多年的、一個幸福家庭的「美夢」也就此碎了，原因都是我挑了一個這樣的男人來圓夢。

母親老早就不看好我這段婚姻，而現在，發生了這樣的事情，我要如何面對她？我的自尊嚴重受挫，還有，我的社會形象怎麼辦？所有的假象似乎藉著這個事件，通通被敲碎。

母親好強的性格，絕對不會讓她的寶貝女兒受到任何委屈。她曾經說過，如果有一天我要離婚，她一定會支持我，還要我搬到美國住，她可以幫我照顧孩子。她說：「雖然我們不是很有錢，但是只要省一點，過日子的錢絕對夠。」

可是，結婚的決定是我做的，丈夫也是我挑的，我又能怪誰呢？怎麼能就這樣回家讓母親養呢？

在大女兒出生後，因為希望有良好的親子關係，我開始接觸成長團體，拚命想學習做個善解人意的好媽媽。從參與成長團體的過程，我更清楚看到這個婚姻的跛腳。

我們兩個人從小都來自所謂的「破碎家庭」，即使不願重蹈父母的覆轍，但沒有學習的好榜樣，夢想終歸只是夢想。他的心無法敞開，而我的心也沒有包容的空間。當時的我們，都缺乏同理彼此的氣度。

婚姻後期，我曾要求他一起去做婚姻諮商，但也只去過那麼一次而已。那次諮商結束後，他整個人都癱了，還發燒生病了好幾天。他實在無法面對自己內在許多的衝突、糾結、傷痛與瘡疤。而當時的我，也沒能力處理我自己心裡的黑洞。

就這樣，我們兩個人的心漸行漸遠。

白天，黑夜。憤怒，焦躁，嫉妒。

黑夜，白天。渴望，心碎，落寞。

白天，黑夜。徬徨，無助，悲傷。

日子，就這樣一天又過一天。深深落在這樣深淵裡的我，心力俱疲，在一圈又一圈的幽暗迷宮裡轉著，何處才是出口？何時才見光明？

女兒在學校，畫的是哭泣的媽咪

那時候，我的悲傷跟種種複雜到難以言說的情緒，經常滿溢到讓我不禁淚流滿面。大女兒看到我哭，就會拿衛生紙幫我擦眼淚。

這讓我想起自己小時候，看到媽媽傷心哭泣的時候，只能童言童語的安慰：「媽咪，不要哭，你這樣要怎麼去打牌？」在一旁，我只能默默的陪著她。

透過心理課程，我深刻體會到童年記憶的重要，因此，無論我的心裡有多痛、多恨，在孩子面前，我都刻意壓抑下來，絕對不在孩子面前跟她爸爸起爭執，最多也只是冷言冷語。

因為前夫出軌在先，面對我一些突發的激動情緒，剛開始時他都隱忍了下來。而我，只要沒有外人在場，一不高興就會借題發揮。有一回，我跟前夫就在他父親面前大吵了一架。事關他的顏面，他不再忍氣吞聲，勃然大怒中，我們兩個大打出手，互摔東西。桌上看得見的東西，都被我們砸到地上，一地的混亂。還來不及收拾，前夫的妹妹就帶著我們大女兒回來了。

一個三歲多的孩子，一進家門，看到滿地的凌亂，還有三個大人尷尬的表情，小小年紀的她，雖然什麼也沒問，但母女連心，她當然感受到我們之間的緊張氣氛。

那些時日，跟前夫再怎麼翻臉，我都很刻意保護孩子，不讓她感受到我們的感情出現裂痕，當然也不會讓她涉及餘波。這是大人的事，我不想讓她有任何一絲陰影。但這一次，一屋子的杯盤狼藉、我們沸騰的怒火都隱藏不住了。

後來，幼稚園老師告訴我，我的女兒畫了一張媽媽哭泣的樣子。這讓我意識到，這就是她心裡面現在的我。我非常不捨，我清楚的看見她已經漸漸步入了我童年的後塵了。

我知道自己需要堅強起來，做出改變，不能再這樣一味爭吵下去，繼續陷在這樣低落、負面的情緒裡了。

這一回，透過孩子的眼睛，我也真真切切的看到了我想迴避的真相——爭吵中的自己、痛苦中的自己、受折磨的自己。孩子就像一面鏡子，真真實實照出了在這些狀況中的我。

當然，每一次吵架，我都深信是他的錯。我指責他，理直氣壯的指責他。我要求他節儉，我要求他關心孩子，我要求他離開外面女人的誘惑，這些，聽起來似乎沒有錯。但是，我也無法忽視在這樣爭吵中的我：說話尖酸刻薄，態度高傲，頤指氣使，發飆動怒，猖狂任性。我，痛恨這樣面目猙獰的自己。

這樣的陰暗面，在夜闌人靜時，狠狠啃噬我的靈魂。而且，我知道這樣的爭執只會越來越嚴重。以我們當時的狀況，要改善很不容易，事情只會越演越烈，類似的場景只會越來越不可收拾。

這真的是我嗎？我真的快要不認識我自己了。這是我想活出的自己嗎？這是我想要的婚姻嗎？

雖然我很小心翼翼的不讓孩子看到這樣嘴臉的我，可是，這樣的我也不會因此而不存在。沉默，也會令人窒息。

我的言行舉止，不但打擊我前夫的自尊，侵蝕我的善良，同時也正在摧毀孩子的天真。我不喜歡這樣的自己，我痛恨這樣的自己，我痛恨這樣的生活。

過去，我從來沒這樣清楚意識到自己內在有這樣的陰暗面，這段婚姻，把過去我從來不了解的黑暗全給激發了出來。

即便現在，夜深人靜回想起當日的情境，都會令我不寒而慄：我怎麼會是這樣的人呢？我不能再這樣繼續下去了，我迫切的要找到出口。

下定決心要離婚，乾脆找小三幫忙……

一發現前夫有外遇，我就向他提出離婚了。但是，他希望我能給他一年的時間試試看。我勉強答應，但要求他必須先簽字。我的條件也很簡單，只要孩子，其他都不重要。而且，我要他答應，如果一年後我還是執意離婚，他必須同意跟我到戶政事務所辦理登記。

當時為了孩子，我勉強答應暫時不離婚，但心理上所遭受的痛苦卻沒有半點減輕。

老實說，接下來那一整年，在情緒上，我幾乎沒有給前夫任何轉圜空間。無論他做什麼，似乎永遠都達不到我的要求。

在我的眼裡，他就是那個讓我傷心至極的罪魁禍首。而我，只想懲罰他，我要他記住，他只是個永遠無法超生的次等公民。

我的固執，不只讓他受苦，我自己也深陷在負面情緒的地獄裡。

在經歷一段混沌矛盾的歷程之後，我讓他也鐵了心，終於最後假他女友之手，結束了這段婚姻。其實，在那一年裡，我從來沒想過要為兩人的關係解套，我總覺得那是他該做的努力，與我無關，因為一切是他對不起我在先。

那一年的我，深陷在心力交瘁的掙扎中，我的面容憔悴，看著鏡中的自己，我對自己說：這是一場沒有贏面的戰爭。

還好，除了憤怒，我一心想著彌補女兒，她是我當時最重要的精神支柱。

當時我才三十出頭，還算年輕，離婚後我覺得自己應該還會再嫁，而且會生孩子，因為我太喜歡小孩了。但是我擔心的是，如果另組家庭之後與新伴侶生小孩，女兒可能會覺得自己反而成了外人，無法融入新的家庭裡。

一想到這點，就讓我心疼這孩子。於是我計畫，要在離婚前，為女兒再生一個弟弟或妹妹，讓他們能夠擁有彼此，互相為伴。就算有一天，女兒跟我的感情不和睦——就像我跟我媽那樣——至少，她還有個伴，有個可以陪著她一起吐槽，一起面對挑戰，一起抱怨母親不是的人。

後來，我也真的順利懷了第二胎。

生老二的時候，我住到在美國的母親家裡，比起上一回生老大時，這一回情景落寞多了。我奶奶在家族中很受敬重，我父親個性溫和、開朗豁達，因此，第一胎在奶奶家待產跟坐月子期間，經常有一整個屋子的親朋好友作伴，受到了很好的照顧。但，這次只有母親跟她交往多年的男友 Bill，而且我和母親一碰面就鬥氣。

這次生產，前夫依然故我，姍姍來遲，比起上一回，如今外遇的嫌隙仍在，我們兩人的態度就更加陌生、更冷漠了。

儘管我們的婚姻已經走到這步田地，面對我的離婚提議，一年過去，他還是不肯簽字。後來，我終於確定，他外遇的對象是公司裡的一位同事。為了逼前夫離婚，我開始了「替小三扶正」計畫。

由於我一開始就只想退出，因此她早已在毫無阻礙下進駐公司，接手老闆娘的角色。我直覺認為，這位小三可以幫我達成離婚心願。於是，我直接去公司找她談。

我用了一些激將法，借力使力，要她讓我前夫答應跟我簽字離婚。想也知道，要跟這位小三提出這樣的請求，對方不見得會幫我，當然也會懷疑我的動機。

於是，我告訴她我心裡的想法：「如果我是你的好朋友，我一定會勸你離開他。因為我看得出你所付出的真心，但是他對你卻沒有付出真感情。他跟很多人說，即使離婚後也不會娶你。我知道，以我今天的身分跟你說這些，你一定覺得我在騙你。但是為了證明我沒有說謊，最好的辦法就是讓他真的跟我離婚，你就可以看清楚真相，看看他會不會承諾跟你在一起。到時候，你就知道是誰在騙你了。」

這話說得露骨且直接。我從頭到尾沒有口出惡言，但很殘忍的是，她心裡也許知道，我說的可能都是真的。

剛開始，儘管有小三助陣，前夫還是不肯簽字。因為我知道，他也放不下兩個小孩。可是，事到如今，他在外頭的生活實在牽扯了太多剪不斷、理還亂的事情，不只是感情，還有金錢上的諸多問題。

不過到最後，他還是同意離婚了。

銀行只有六萬塊。Don't worry, be happy

到戶政事務所辦理離婚登記後，我跟幾個好朋友開香檳慶祝，感覺就像重獲新生一樣。

但老實說，當我搬離開那個家時，銀行裡只有六萬塊，全部家當都裝在一台卡車上，我開車跟在卡車後面，心裡五味雜陳。此時收音機裡正播放著一首Don't Worry, Be Happy，車外陽光燦爛。我仰望藍天，感到一股不知名的力量從天而降。我清楚我擁有工作能力，只要好好努力，就可以開創新生活，不需要擔心。

那一刻，我覺得自己已經擁有全世界。對我來說，最重要的就是兩個小孩，她們都跟在我身邊，往後的人生也許還會有起伏，但那都是以後的事了。

經歷過痛苦婚姻的洗禮，我更佩服那些願意原諒對方出軌，選擇待在關係裡繼續經營的人。因為願意留下，才是真正面對黑暗的開始。這不但需要相當大的勇氣，更需要無窮的愛。我欽佩這樣的人，因為當時的我真的做不到。

這會兒，我又想起母親經常跟我說的：「我啊，寧願受苦也不受氣。」離開，真的比較容易。

我真的很感謝能留在婚姻裡的女人們。當我面對磨難時，你們是我心中非常重要的支持力量。雖然也許沒有直接認識你們，但是我知道你們一直都在，而且會支持我走下去。

現在回過頭看，我更了解父親的缺席對我第一段婚姻，有多麼大的影響。

這個在我二十歲前的現實生活中不曾存在的人，在我的生命裡卻有舉足輕重的影響。父親不在身旁，我只能幻想著父親在家庭裡應該扮演的角色，也到處窺探有親生父親在身邊的日子到底是什麼樣子。這些想像與渴望伴隨著我成長，即使見到父親後，從小編織的景象還持續活在我的生命裡，直到我走進婚姻，才讓我從我的第一段婚姻去檢視它的真偽。

嚴格說起來會結那個婚，不是因為真的深愛那個男人，而是我想要打造一個屬於我心目中的理想男人。換言之，我之所以會跟前夫結婚，是想要找到一個對象，來一圓從小對家庭的夢想。

剛交往時，我眼裡看到的盡是他跟家人呈現出來的和樂景象，這一切都讓我好羨慕，完全滿足了我內心的缺憾。更甚者，我母親的掌控讓我逃之夭夭，如今這個家庭沒有女主人（婆婆），這對我來說再完美不過了。

婚前戀愛的那三個月，我的心完全被自己的美夢所蒙蔽。

我帶著好大的夢走入這段婚姻，對前夫身為丈夫與父親的角色有很深的期待。失望之下，也失去了耐性與尊重。而當時的我，對自己這些內在的現象完全不自覺。

與其說是他讓我失望，不如說是我的期望過高落了空。坦白說，如果我當時夠清醒，很容易就可看到那些早已埋伏的困難及挑戰。

這段婚姻，把我從小到大幻想的美夢通通打碎，不只如此，連同我對自己的好印象也一併瓦解，而那最令我心痛。婚姻後期，兩人的敵對爭執，即使再怎麼武裝，不免還是會被對方的冷言冷語所傷。我開始懷疑自己，難道我真的這麼不值得愛嗎？

外遇，徹底摧毀了我身為女人的尊嚴，也摧毀了我在我自己心目中的形象。

在經歷這些挫折跟刺激之前，有一段時間我非常投入監獄的服務工作。我只是很單純的想著，這些獄友總有一天要回到社會上，因此在他們服刑的這段期間，社會應該給他們更多的教育、關懷與正面支持，讓他們重拾對人的信任，做一些回饋社會的事。

但是，當我前夫出軌、婚姻破裂之後，我才發現，原來受傷的人要原諒一個當時心裡所認定的加害者，是這麼不容易。後來，我完全停下了監獄的服務工作。

當時的我受傷很重，根本無法原諒「加害者」。我無法原諒前夫，因此也無法原諒其他犯了錯的人。受了傷的心，要再像過去天真單純時那樣敞開，談何容易。

我的天真、我的柔軟、我的寬大，就此離我好遠好遠。

一場失敗的婚姻，一份覺醒的禮物

然而，我真的只是個受害者而已嗎？

這段婚姻，粉碎了我過去很多不切實際的夢想，也讓我赤裸裸的看見了自己負面的性格。

走到離婚這一步，前夫當然也很難過。外遇披露後，他的確也做了一些動作想要挽回，要求我給他一年的時間繼續試試看。

但是在這一年裡，受傷的我只要一逮到機會，就會藉各種機會狠狠咬他幾口。很多事情都可以讓我發飆：晚回家，我發飆；忘了打電話回家，我發飆；電話不接，我發飆；找不到人，我發飆；跟女性搭訕，我發飆；接到來路不明的女人電話，我發飆。甚至，想到他在外頭的豔遇，心頭一痛，還會賞他一記耳光。

我之所以鐵了心要離婚，有很大一部分，是因為我自己都厭惡透了自己的嘴臉。我厭惡自己會這樣羞辱一個人，厭惡自己無法尊重自己的丈夫，連帶他的家人也遭受池魚之殃。

我身心俱疲，我知道已經沒有能力再留在婚姻裡了。我必須離開，離開那樣的情境，離開那樣的自己。離婚，對當時的我來說是最好的安排，不論是對他或是對自己，都是解脫。

心中的積怨，讓人記不得當初相遇的美好。回顧往日種種不堪時，我才清楚看到心裡的歉意。這麼多年下來，我沒有機會再遇見我的前夫，但我要說，我的心裡確實有歉意。他有他的不忠，而我也有我的傲慢。這其中因果為何？說也說不清楚！

說起來，這段婚姻其實帶給了我覺醒的禮物，它幫我將自己看得更清楚。透過這場婚姻，我看到自己的嫉妒、猜疑、憎恨、小心眼、不安全感，想毀滅別人也毀滅自己，平常這些隱藏於深處的陰影，全在這個過程中爆發了出來。

在看到自己的種種面目之後，我實在很難把頭繼續埋在土裡，繼續欺瞞自己說「自己是無辜的」。

為此，我感謝前夫讓我有機會面對生命中更重要的覺醒。他把隱藏在我心裡底層的事實全挖掘了出來，他幫我看到我腦子裡那些模模糊糊堆砌出來的假象，他讓我了解自己在親密關係裡的無知與自以為是。他將這一切赤裸裸的呈現在我眼前。

沒有這場婚姻的洗禮，我永遠無從得知自己的內在有這樣不堪；永遠無從檢視自己從小不知不覺累積下來的想像而無從覺醒。

這一連串的反省，讓我有機會對自己的生命有更全面的理解。

有時我會想，如果在第一次婚姻中遇到的是我現在的先生，我可能一樣驕縱，挑剔，甚至會嘲諷他的不夠完美。

那段婚姻雖以離婚收場，卻非不完美。它讓我快速成長，更完整、更誠實的面對真實的人生，不再活在虛幻的理想裡。

走過黑暗，重新釐清內在翻騰的種種衝動，讓我發現自己心裡其實有個更好的我，在向我招手。

原來，我，就是自己一直在等待的人。

受苦是個寶藏，因為慈悲藏於其中

當年那個幫我擺脫婚姻的女子，不久後也跟我前夫分手了。雖然有違常情，但我真的是打從心裡感謝她。

即使如此，要真正釋懷還是經過了好一段時間。離婚後，我曾夢過她幾次。在夢裡，憤怒的情緒沸騰，我用指甲狠狠抓傷她的臉。醒來，我知道我的傷痛還沒有過去。

在這段療傷止痛的期間，感謝成長團體及一些諮商老師的幫助，讓我走出失婚的陰影，化解內在的衝突矛盾。最後一次她在我夢裡出現時，我們已經可以促膝長談了。

幾年間，我曾遇過她三次。兩次在餐廳不期而遇，她身邊坐著其他朋友，而我身邊也有陪伴我的先生及女兒。心裡雖稍有芥蒂，我還是主動跟她打了招呼，希望用這樣的行動化解彼此的尷尬。

最後一次見面是在一家俱樂部，我走進去時看到她一個人坐在沙發上看書，我愣了一下，心想，我是否要若無其事走過去。繞了一圈，我決定坐下來跟她聊幾句。

她說她結婚了，還介紹她的先生給我認識，關於那段往事，我們都沒有再提起。

從某個角度來說，婚姻出現「小三」，其實是揭露婚姻裡隱藏的問題，逼著當事人必須面對婚姻的狀態與真相。縱然過程很苦、很傷，卻會讓當事人有機會去面對自己真正想要的是什麼。

小三挑起的，是婚姻中的警訊。碰到這種事，除非雙方都能下定決心重建對彼此的信任，否則傷害不會自動退去，只是掩蓋得更深，讓人更痛苦、更麻木而已。

這些年來，我毫不隱瞞的剖析自我，從中成長了很多，如今當我回頭看，對整個事件有了截然不同的觀感。

波斯神祕詩人魯米（Rumi）曾說：「受苦是個寶藏，因為慈悲藏於其中。喔，兄弟們，在黑暗冰冷的地方，忍受悲傷、脆弱與痛苦，正是生命泉源與狂喜之杯，因為至高者（成功）的根源乃是在低處（問題）。」

多年之後，有一天我在靜心中發現，對於當年深惡痛絕的前夫，我心裡其實還有愛，這是當年我無法承認的事。對一個傷害自己這麼深的人，怎麼能還有愛呢？

然而，發現自己對他還有愛，說真的，讓我自己很感動。這份愛，不再是當年男女之間彼此糾葛的情愛，至於是什麼，我也說不上來。應該是沒有了恨之後，對一個曾經一同成長的夥伴的一種疼惜及感念吧。這一路也辛苦他了。

我開心的是，今天，我不只找回了當年的善體人意，而且有了更大的包容心。沒有了恨，沒有了冷漠，沒有分別心，愛人，其實不難。

第2部　蛻變與重生

我一直感謝這些年來參與成長團體的經驗，是成長團體，讓我有機會重新活過來。人，是有重生的機會的。無論，這一生的經歷有多麼不堪。

一次在世人眼裡認為「失敗」的婚姻，在其中所受到的傷痛，讓我不得不去正視自己的生命，因此我才有機會重新回顧、整理自己的人生。

我很喜歡的心理學家榮格說過：「人要至臻圓滿，必得賭上生命的全部。除此之外，少一點都不成；沒有簡便的做法，沒有替代方案，也沒有妥協之道。」

當我一邊經歷婚姻的痛苦，一邊學習重整自己時，我用生命體驗到這段話的真實性，也更加信任生命的帶領，讓自己走在生命的谷底時，還願意一再鼓起勇氣敞開自己，讓痛苦來洗刷掉生命裡的虛幻與偽裝。

鼓起勇氣面對自己、面對傷痛，在這樣的療癒過程中，我清楚知道，承認內心的脆弱與傷痛不會被打垮，這是千真萬確的。唯有當我們充分理解這些傷痛時，才有機會釋放、化解這些傷痛，這些傷口也才有機會癒合。

通常，我們受了傷之後，總會慣性的想要壓抑，然後就當成這件事情過了，很少再有機會回頭檢視這些傷痕。畢竟我們總是會想，算了，事情過去就過去了，再回頭看有什麼意義呢？為什麼要再勾起那些傷痛呢？

但是，如果傷痛都過去了，回頭去看，又何妨？

如果我們有一丁點猶豫，不願意去看，顯然，那件事還沒過去，還有些什麼在等著我們去明白。一旦有相似情境出現，被有些人或事刺激到，這些傷痛往往就會連本帶利的湧上來。

有的人會想，只要我現在過得好就好，幹嘛去處理過去的傷痛。事實上，過得好的時候，正是處理傷痛的最佳時機，若是等到傷痛連本帶利還擊，連面對當下的力氣都沒有時，又如何處理過往的傷痛呢？

長期參與成長團體的經驗，讓我深刻的體驗到，所有的智慧都在傷痛裡。當你真的願意鼓起勇氣，進入不敢面對的傷痛，反而會讓你擁有一份安詳。

那是種紓解，因為先前不敢去碰的那些痛，負面能量還累積在那裡，一旦傷痛重新被看見，獲得重新詮釋的機會，它會讓我們明白自己所經歷的這些坎坷有何目的與價值。

傷痛，其實就是通往天堂之路。

智慧，就藏在那些傷痛之中

一段破碎的婚姻，會讓人傷痕累累。

尤其是，這段婚姻不只是親密關係的破碎，還是我人生夢想的破碎，以及對自我認識的徹底瓦解。

從這段婚姻日復一日的爭吵中，我再也不能像過去那樣看待自己了。

我，到底是誰？

我，到底是怎樣一個人？

我，到底要如何活下去？

過去對家庭的美夢已經破碎，我現在是兩個小孩的媽了，不能在母親的庇蔭下過活，甚至，我也不想回去母親的家。那我接下來要怎麼辦呢？

看到在爭吵中那個跋扈狂妄的自己，完全超乎過去我對自己的認知與想像，我又該怎麼辦？

這段婚姻，真的是整個挖到我生命的根基裡。

那時候，我若非已經開始參加成長課程，真不知道該怎麼度過那段日子，也不知該如何收拾已碎裂成千片萬段的自己。

也要感謝這段婚姻，挖得如此之深，我才有重新活過來的可能。

參加成長課程，可以說是我生命最重要的轉捩點。

沒有經歷成長課程的洗禮，我的前半生經歷，可能只會讓我這一生一直感到無比的受苦。不曉得與至親至愛的母親之間那些摩擦與傷痛要如何化解；不明白該如何與親密伴侶及他的家庭維持良好密切的關係；不知道要如何經營一個家庭；不清楚愛鑽牛角尖的自己如何才能處理好人際關係。

甚至於，我連如何與自己相處，都感到無比茫然。

如果沒有成長課程的經歷，我可能只會一直覺得自己好可憐，是人生際遇的受害者。母親年輕單純的嚮往，生下了我這個混血兒，讓我受人歧視與排擠。懦弱的父親在我生命中缺席，讓我不知正常的家庭為何物。前夫的欺瞞與逃避，讓我婚姻失敗。

我前半生最重要的三個人，再再帶給我無盡的傷痛與失望。

人生就只能這樣嗎？這就是我要的人生嗎？我要怎麼做，才能真的重新開始？

我沒有好的榜樣，也沒有好的家世背景，更沒有多麼了不得的才能，即使我能從演藝事業獲得豐厚收入，也填補不了我內心的空虛。

演藝事業看似風光，但是如今當我回想這前後二十多年、將近占了我大半輩子的演藝生涯，林林總總，卻顯得雲淡風輕，感覺不出在我生命中該有的分量。

但是，只要一提起我上過的成長課程，想起每一個夥伴的神情、反應，那些過程卻都歷歷在目，如臨現場。

潛入人性黑暗處，面對自己的傷痛與難堪

在我上身心靈課程的過程中，王行跟鄭玉英老師所開的「返璞歸真」工作室是我的啟蒙之地，也要感謝陶姊（陶曉清）的介紹。

剛開始接觸成長課程，是在做了電台節目之後，有機會去監獄工作、輔導青少年，因此覺得自己似乎應該多充實一些心理學方面的知識，才能幫到他們。

這個起心動念，是想去了解別人及幫助別人，而不是覺得自己有什麼需求，或者覺得自己碰到什麼內在困境。

沒想到上課之後，每一次都讓我的內心感到無比衝擊；每一次，我都有流不完的眼淚。

感謝那些成長課程中的夥伴，他們是那樣願意去真實的面對自己，帶著好大的勇氣走入生命的悲傷、沮喪與痛苦裡。

他們的生命故事打開了我的眼界，敞開了我的心，讓我第一次見識到了人生的多重面貌。

一直到上了成長課程，我才發現，原來這個世界上不是只有我一個人受苦而已，別人也都在受苦。原本，我以為自己沒有父親，很苦。萬萬沒有想到，父母親俱在的人，也有他們的苦，甚至反而更苦。

任何電影、電視、小說，都比不上這些活生生的人生劇碼；再複雜多元的社交生活，也看不到人內在那樣劇烈的起伏與掙扎。

在成長團體裡，人們平日避談的事情，都赤裸裸的攤在眾人面前，也只有在這樣的時刻，才能活生生的看到人的脆弱與掙扎。

原本我去上課，是想了解別人，上了課之後，我才開始了解自己，也開始漸漸看到原來人是什麼樣子，人生又是怎麼一回事。

從圈外人的角度來看演藝圈，或許會覺得這個圈子五光十色，足以看遍人生百態。但是，在成長課程中那樣深刻的進入人的內心、人的靈魂之後，就會發現那些人與事的糾葛，真的就是五光十色。

這些五光十色，只是人性冰山的表層。

透過成長課程，我學到了潛入人性的幽暗處，去傾聽那從幽微之處發出的心聲。

我漸漸體會也明白到，人內在有個好深刻的力量，想要讓自己健康起來，想要讓自己快樂起來，想要讓自己光明起來，想要讓自己更加完整。

但是，人們經常不知道該如何做到。就像我一樣。我也不知道原來自己需要這樣的課程。我以為我去上課，是為了要幫助別人。結果，幫到的是我自己。

成長團體的那些夥伴，讓我看到，當生命陷落時，若能真實的與生命面對面，那些傷痛，就會得到轉化。

那些傷痛，底下潛伏著等待我們去重新理解與爬梳的生命記憶。那些傷痛，當我們願意與它們同在，不逃避、不掩蓋時，會讓我們的生命更加整合與擴展，將生命帶到新的層次。

這些夥伴，那樣願意面對自己，將生命的自主權握在手裡。

他們沒有坐在那裡說需要改變的是我媽媽、是我爸爸、是我先生，我沒有問題，只要他們改變了，我就能敞開，我的生命就會不一樣。

這些夥伴，讓我看到，人只要先改變自己，世界就會跟著改變。

這些夥伴，讓我知道，絕對有個更好的自己，在等著我。

只要，我願意走入自己的傷痛與難堪中。

一次又一次，淚水流不盡的轉化

剛開始，在課堂上，我只知道哭。

每一回的課程，大約都會上十到十二次。而我，幾乎每一次，都躲在角落裡哭。哭到連我自己都不知道，我怎麼會有這麼多眼淚，流都流不完。

從小，我早已經學會了不管遇到什麼委屈，只要將頭一抬，眼淚就會吞進肚子裡——在家裡，我不想跟媽媽多爭執。在外頭，我碰到挫折，因為怕媽媽擔心，也不想告訴她。但老實說除了媽媽，我也沒有其他人可講。我沒有父親，沒有兄弟姊妹。在那些艱難時刻裡，我只知道，我沒有任何人可靠，為了生活，我只能把眼淚吞下去。

可是這些吞進去的眼淚，不會消失。這些眼淚，都還在我的身體裡。現在，受到成長課程衝擊，這些眼淚，就無法控制的流出來了。

這些眼淚，到底承載著多少辛酸與難過，我自己都遺忘了。

這些眼淚，那樣忠實的記載著我不為人知的痛苦，不肯離去。

在一次成長課程裡，王行與鄭玉英老師注意到我每一次都只在角落裡流淚，問我有沒有什麼問題要處理，我都說沒有。

這就是以前的我。總是覺得自己沒問題，自己可以扛起一切。一直只想當個乖小孩，沒問題的小孩。

到了最後一次上課，兩位老師看不過去，把我叫出來。班上七、八個人，跟我，分別在繩子的兩端。他們在繩子的另一端，象徵了我對父親的種種糾葛、矛盾、衝突。

我拉著繩子，想到這麼多年來，因為父親的缺席，讓我感到自己有多麼羞恥、多麼不值得，才會被他拋棄。我拉著繩子，就是不肯放，我好氣，我好痛苦，我好難過。結果，我一個人的力氣，居然能跟這麼多人互相抗衡。

第一次，我在外人面前，洩漏了我對父親種種不堪的情緒。

我一直隱藏得那麼好。連我遇到父親之後，都一直以禮相待，維持得那麼有風度。可是，我的心裡，原來對他有那麼多憎怨。我的生命因為沒有父親所造成的大洞裡，到底埋了多少我丟進去的記憶、傷痛與責怪？

這些情緒、記憶跟傷痛，都沒有真的過去。我以為自己沒事了，但我錯了。

只有當這些情緒、記憶跟傷痛浮了上來，得到了接納，被自己看見，感受到愛與支持，所有的過去才會真的過去。

當我看見之後，才得到放鬆與安慰，也在這樣的放鬆裡，體會到原來這些沒有真的過去的「過去」，如此消耗我們平日生活的能量。

平日，因為社會、家庭對我們的期許，我們怎敢輕易顯露這些負面的自己。我們根本不敢靠近這樣的自己，更別提承認這些自己的存在了。

我們小心翼翼生活著，妥善隱藏著這些不堪的自己。但是，一不小心，在被人頂撞、受到刺激、受到傷害時，這些自己就會跑出來。

這些時刻，我們有時候會失控，會口不擇言、大發雷霆、當眾失態……，所以我們往往理所當然的以為，只要不生氣，只要增強自制力，只要改善自己，事情就會變好。

不，生氣只是個引子，只是個捎信的使者，只是為我們內在那需要我們多去關愛與了解的自己捎來訊息，請我們注意到它們的存在。

把過往的自己一一迎接回來。讓我，能不再虛偽、分裂；讓我，可以真實且完整。

當你希望別人依照你的想法而活，痛苦就來了

隨著婚姻陷入困境，我不得不看到更多自己的陰暗面。

一開始，我自己也被嚇到了。我怎麼會這麼兇、這麼霸道，有這麼多、這麼強的怒氣。這些情緒是那麼的原始、衝動，毫無修飾，不加掩飾。跟我平常所認識的自己，差好多。

面對這樣的衝突矛盾，我非常無力，也不知如何是好。罵自己，並不會讓自己更好。看到自己這樣的狀況，真的很難面對，甚至很想退縮逃避。

好在有成長團體。要不是有強烈的企圖心想要改變，誰願意深入、承認自己最脆弱、黑暗的心性。

從開始參加成長團體之後，我那強大的、旺盛的求知欲就被挑動起來，一發不可收拾。

我告訴自己，一定、一定要好好的把自己想清楚、弄明白，並且重新好好做自己。

在成長課程的學習中，我發現到很多我們平日自以為的「我」，其實都不是真正的我。舉一個很小的例子吧，我曾跟前夫居然為了電暖器到底可不可以對著磁磚吹，而起很大的爭執。

表面上，我們是為了保護磁磚而各執己見。但是靜下心來想想，既然目的是一樣的，為何我們會吵到大動肝火呢？我堅持電暖器不能對著磁磚吹，這想法又是打哪兒來的呢？

這其實是來自於我從小與母親一起生活的經驗，但我卻從來沒質疑過這想法到底是不是有道理。而且顯然的，我把母親的想法，當成了自己的想法。當我前夫提出不一樣的看法時，我立刻感到自己被冒犯了。

在這樣被冒犯的感覺中，我不但沒想過這想法是從哪兒來的，只會覺得是他老在反對我，甚至攻擊我。

這麼一來，一個簡單的問題，就成了一頓大吵，那片磁磚，也就成了「兵家必爭之地」。

「暖氣不能吹磁磚」這想法，不是來自我，可是，我一直以來不加思索的當成是我的，甚至不惜一切，在婚姻中拚死拚活的捍衛這個想法。

在我們這一生裡，充斥了多少這樣的衝突與爭執呢？

我很幸運，能從成長團體中，學習到重新去認識這些「莫名其妙」的情緒與想法其來有自。既然，這些經驗與念頭是學來的，自然，就能透過新的學習去改變它們。

生活裡，有許多衝突原來都是可以避免的。只是，在我們不明白這些念頭的緣由、沒看到這些念頭跟情緒是可以「本來無一物」之前，我們就會一直執著於自己的想法、捍衛這些想法。甚至，依據這些想法，想要改變對方，讓對方按照我們的想法來活。

而當我們只想要別人依照我們的想法而活時，痛苦自然就產生了。

了解痛苦的來源原來是自己，還有過去所學習、經驗到的一切，而不是別人，不是外在世界，這是成長團體帶給我的最大領悟之一。

我想要重新好好做自己，就只有往我自己內在看去，向這些原始、衝動、不加掩飾的情緒學習。顯然，唯有面對、承認這些令我尷尬、難堪的部分，我才有可能得到真正的轉化。

認清這一點，我更加清楚自己參加成長團體，不只是為了自我療癒，還想重新做人，學習怎樣才是從愛出發；愛自己、愛孩子、愛生命，而不再只被這些衝動的情緒、無明的念頭給牽動，妄想改變別人，也讓自己活得痛苦。

你是個弱者，你是個弱者……真的嗎？

第一段婚姻後期陷入那種無止盡的爭吵時，我吵得好用力，我想在前夫眼裡看來，我的表現就有如「豺狼虎豹」般深沉可怕、不可理喻。演變到後來，我一度跟前夫打起官司，甚至還弄得去扣押前夫的車子。

但面對那種要撕破臉的場面，我心裡還是有很大的畏懼與不安。表面上，我讓自己看起來很強勢，事實上，我自己知道，我之所以會這樣，其實是出於內在好大的恐懼。我不過是用盡心思在玩一些遊戲，讓自己能夠占上風，這樣別人就不會識破我內心的脆弱與害怕。我內在的聲音一直在對我說，我是個弱者，我沒有力量、我會被欺負……

從小，生活裡多半只有我與母親兩人相處，我沒機會跟別人吵架，也不懂得怎麼跟別人吵架。在團體生活裡，我經常吃癟，一直覺得自己是個不會反擊、不懂得反擊的人，只會當個受傷的悶葫蘆。我很早就懂得把頭往上抬，讓眼淚流回肚子裡。

後來我有個朋友，是我心目中戰士型的，吵起架來敢跟人翻桌的那種人。有一回，我告訴她我覺得沒有力量，請她陪我一起去處理離婚的事。

沒想到，她竟然對我說：「開什麼玩笑，你怕？連我都不敢惹你呢！」

她這句話，反而讓我驚醒了，原來，我並不是像自己以為的那樣軟弱。我的內在，原來是有力量的，只是我沒發現，只聽到內在那個微小的聲音不斷說著：「你是個弱者，你是個弱者，你好可憐，好可憐。」

也因為我認同了這個聲音，害怕這個聲音所說的我被人發現，所以我用盡力氣偽裝自己、保護自己、捍衛自己、武裝自己，把自己膨脹得很大。

這麼一來，我不僅對自己、對世界有錯誤的認識，也錯誤的把力量用在假扮紙老虎與別人抗爭上面了。

真正的強者，願意面對自己的脆弱

後來，我還去了印度普納的奧修社區，參加一個名為ＡＵＭ的靜心，更讓我徹底看清自己根本不是弱者。原來，過去我只是自己騙自己。

ＡＵＭ靜心，把人性中最常經驗到的情緒分為十二種。第一個階段顯示出來的，就是憤怒——「我恨你」。導師要我們每個人，用自己的母語，不管看到誰，都大聲罵出來，把心裡的恨，藉著這樣的練習表達出來，但絕對不能有肢體上的接觸。

團員中，什麼樣的人都有，有德國人、日本人、裝大鋼牙的人、高頭大馬的人，每個人都用自己的母語死命罵、狠狠罵。我也把所有的三字經、髒話、國罵、台罵全都拚了命的喊出來，大概持續十幾分鐘後，嗓子就啞了。在這個過程裡，真的有人會罵到眼睛布滿血絲。

很有意思的是，有些人我會罵得特別狠，有些人我就沒什麼氣，罵不出來。當我觀察自己為何會有這樣的分別時，我意識到這其實跟自己內在對某些人的投射有關。

這個練習，讓我親眼看到各式各樣發狂、發怒的人站在面前，但是我不怕、不恐懼，我可以湊得很近，去經歷、去觀看。這整個練習，其實是一個非常具爆發力的靜心過程，在此之前，我從來沒有機會也沒有能力去面對這種情緒。

這個練習，讓人們充分經驗到憤怒與暴力。一開始，我們只是遵守練習的規則而罵人，那時候，罵起人來還會有些心虛，不好意思。但隨著能量發展，勾動了內在過往所累積、壓抑的憤怒，腦子裡也隨著湧上過去種種怒不可言的畫面與心緒，彷彿重歷其境。隨著這些畫面跟心緒的流動，慢慢的，嘴裡雖然說著罵人的話，整個能量卻不再是感到受害、委屈的一種憤怒感了。

而那正是一種理直氣壯，敢於承認自己、敢於為自己爭取的力量。

原來，憤怒也可以是一種正面的力量。這樣的力量，不用刻意去抗爭什麼，無需去假裝成別的樣子，我就是我。

以往，看起來強勢的我，外強中乾，虛有其表，因為我只看到也只惦念著受傷的自己。所謂的強勢，只是一種防衛姿態，真正的內在，其實軟弱無力得不得了，只是硬撐著一個架子。

這個練習讓我清楚了，原來自己不是像自己所想的那樣，我充分的看到自己也可以是隻母老虎，一隻強而有力、想全心捍衛子女的母老虎，真真實實知道了自己也可以是個戰力很強的戰士。

另外，我也領悟到一個道理：強者跟弱者的差別，不在於外表的強勢，而是自我與內心力量的連結。

遇到事情，一個採取行動、表現得很強勢的人，不見得是有力量的強者。如果他的內在是分裂的，強勢只是在逃避他內在那個自以為是弱者的聲音，內在認同的，是過去那個受到傷害、忽視與欺負的自己。

所以，他可能連生氣、憤怒都不敢承認，都得躲在某種理智藉口的包裝之下。

真正的強者，他的理直氣壯來自於他願意面對自己的脆弱，願意接納自己受了傷的過去，然後真實的看清眼前的狀況，不把自己放在受害者的位置上，去指控對方的錯誤與施壓。

當我消除了誤以為自己是受害者的恐懼時，我甚至也能看到對方的謾罵正如同過去的我一樣，只是在張牙舞爪，為的也是在閃躲、遮掩不敢面對的自己。

在這次練習中，我真實的看到了不管對方是哪一國人、有什麼樣的背景，長相如何兇狠，是男是女，年紀多大，沒有一個人沒有受傷的過去，也沒有一個人不在學著由弱者變為強者。

既然痛苦萬分，為什麼還留在這裡？

陷入婚姻危機時，我也會跟身邊的好友訴苦，尋求慰藉。

但是我很清楚，光這樣是不夠的。

朋友間能談的多半只是個人的想法，就算有朋友經歷過相似的情境，頂多也只能在情緒方面互相安慰，未必能有較超然的見解。

甚至於，朋友之間也會遇到不知該如何陪伴的狀況。或者，還會因為意見不同，或是想滿足對方的需要，而造成彼此的壓力。

專業人士通常可以站在比較客觀的角度，更重要的是，他們會營造出一種空間，讓我在裡面長大，而不是下指導棋，要我該怎麼做。

經由他們的陪伴，我可以安心的走進內心的黑暗裡。在這樣的時刻，如果沒有適當的人陪伴我們了解黑暗、深入黑暗，有時候，我們就會錯過或迴避。因為，要去面對這些長久以來被掩蓋的部分，需要很大的勇氣，也需要對這樣的黑暗有所了解，才能夠比較順利的進入。

這一路上，我剛好遇到一些年紀較長的諮商師，他們不只專業能力很強，人生閱歷豐富，視野開闊，透過他們的引導與支持，我一關關面對人生，也一關關有驚無險的平安度過。

當初我鐵了心做出離婚的決定，其實不是那麼毅然決然、當機立斷的。那時候，我的心真是千頭萬緒。

我帶著夢想走入婚姻，而打造這個夢想的人，就是我自己。雖然我可以責怪另一半發生外遇，毀了我的夢想，但我也會質疑自己，為什麼會讓這樣的情形發生？

我哪裡做不好嗎？我看走眼了嗎？我太不敏感了嗎？我的個性不好嗎？我不夠融入那個家庭嗎？我太不識時務了嗎？我不夠努力嗎？還是我不夠溫柔？

過去我習慣依恃的力量跟思考的方式，現在都不再堅固可靠，常常讓我越想越亂。而周遭人的意見跟看法，也各自不同。

我需要的，不只是走出這團混沌，更是要重新找到屬於自己的力量啊。而促使我從一團混沌中清醒過來的人，是一位偶爾才來台灣、已經是奶奶級的外籍諮商師。

還記得那次諮商尾聲，她打破了一般諮商的約束，忍不住直接問我：「為什麼你還留在這個婚姻裡面？為什麼不離開這段婚姻？」是經濟因素讓你無法獨立？我搖頭。你怕掛不住面子？我心想，有一點。

她問話的力道很直接，抛出一個又一個的問題，企圖戳破我還不夠自覺的幻相，問到最後，我才囁嚅的道出：「我怕……我怕到我老的時候，只有我孤單一個人。」

原來，我真正掛心的是這個問題，我真正恐懼的，是一個人孤單活著。

她問我：「你覺得，你會嗎？」

這反倒讓我愣住了，我想了一會兒後回答：「不會。」

這個簡單的大哉問，一棒把我敲醒。如果我因為這個不符現實的恐懼，而勉強自己留在婚姻裡，我想最後我才會是孤單痛苦的老去，而那樣的孤獨，才可怕。

因為愛女兒，學會如何愛自己

經過那次諮商之後，我從一種無名的恐懼狀態中醒了過來。我也才能看到，現在眼前對我最重要的人，是我那尚年幼的女兒。

我反問自己：如果今天，我的寶貝女兒遇到跟我一樣的狀況，我會建議她怎麼做，才會是對她的生命最好的做法呢？

這個問題一問出來，我突然意識到，孩子的成長需要榜樣，而我就是她的榜樣。除非我做給她看，否則她哪裡學得會？

關於婚姻如何經營，家庭關係如何維繫，我自己沒有好的榜樣可以學習，我沒有概念，但我可以從自己做起，我可以學習，讓自己成為女兒的榜樣。

這個想法，也給了我鼓舞和信心。看著眼前天真可愛的女兒，我在心中承諾，我要成為她的後盾，我要做個能帶給她幸福快樂的母親。

不是空口教她怎麼活，而是活出來讓她親眼目睹，她才會了解。

當我轉換角色，把自己看成是自己最疼愛的寶貝女兒，來思考自己的婚姻狀況時，我就明白了要怎麼做才好。

如果我希望女兒做出這樣的決定，我就要說到做到，這樣才能成為她的榜樣。而轉換角色的思考，也讓我開始了解到好好愛我自己，這樣的我才有資格帶領女兒前進。

但是，當時我不是那麼清楚，如何做才是真正愛自己。可是，我非常清楚知道要孩子如何好好愛她自己。正是基於對女兒濃厚的愛，讓我清楚明白自己該走的方向，我必須學習怎麼做、什麼樣的決定，才是從愛自己的角度出發。

在漫長的離婚過程中，血濃於水的親情，讓我得以面對未知，一步一步往前走，而且我深信，只要我堅定的往這個方向前進，總能走到苦盡甘來的時候。

一個決定要離婚後才懷上的孩子

在看清眼前女兒才是我生命中最重要的人之後，事情該怎麼做，很多相關的判斷該如何下，我好像更加能定下心來，雲開見月。

上一章裡我有提到，即使已經鐵了心要離婚，但為了讓大女兒在這世界上能有人作伴，我還是生下了老二。也就是說，她是我決定要離婚後，才懷上的孩子。

讓我欣慰的是，直到現在，她們姊妹兩人很相愛。但其實，當年在懷老二的過程中，我的內心卻自責不已，承受著莫大的痛苦。

懷老二的那段時間，是我人生中最難熬的一段日子。即便我上了那麼多心理學的課，看了好多育兒的書，即便我知道胎教對孩子有多重要。但，任憑我再堅強，再怎麼想打起精神，還是會忍不住傷心，忍不住憤怒，忍不住難過。我雖然是為了大女兒著想，但是讓肚子裡的孩子跟著我受這樣的苦，我自己實在很不好受，百感交集的心情難以言喻。

有時候，我忍不住怨自己的自私，竟堅持在這樣的狀況下懷孕，讓孩子一開始就受到不良的影響。我質疑自己，到底在做什麼，將來小孩的成長該怎麼辦？我真怕結果會像所有書上說的，胎教將影響她一生。

就在我困惑不已時，有兩位來自加拿大的老師黃煥詳（Bennet Wong）與麥卓基（Jock Mckeen）到台灣開課，他們是以雙人組的模式一起執業，課程裡的氣氛充滿了親密和信任，我大著肚子去上他們的課，也向 Jock 尋求幫助。

Jock 耐心聆聽我說完內心的困惑，他伸出手，一邊摸著我的肚子，一邊對我說：「你知道嗎？我母親懷我的時候，也正是她生命中最痛苦、最低迷、最難過的時候。所以，我很早就了解人的痛苦是什麼，也正是因此，我才能成為今天的我，成為今天這樣一位老師。」

他的這一席話，釋放了我內心無比的困惑，讓我好生感動！因為在我心裡，他是最棒的心理醫師。

看著眼前的 Jock，我想著他的母親在懷孕時所經歷的痛苦，在歲月的轉化下，幫助他成為今天這樣體貼入微的老師、諮商師，讓他對人性的磨難有更深刻細緻的理解，他以親身的見證，完全驅散了我當時的徬徨與困惑。

事實上，靜下心來想想，當時已經懷孕的我，除了好好把孩子生下來，真的也沒有其他辦法了。我的焦慮跟不知如何是好，也只會讓原本的處境更加混亂不堪而已。

Jock 的親身經歷，不是在一般胎教書籍上能看得到的。我好幸運，能在那樣艱難的時刻遇到他，聽到他分享那麼獨特的成長經驗。他的話讓我的整顆心輕盈了起來。

現在大家都知道胎教很重要，但是，在這世界上，我相信仍有不少母親在懷孕時，走到了人生的絕境。這些母親的遭遇可能比當時的我來得更痛苦、絕望與自責，可是，她們的肚子裡卻正孕育著一個新生命。

我想跟這樣的母親分享 Jock 當時拿自己現身說法的話：「我不就是因此，才更懂得人的痛苦嗎？」

在 Jock 身上，讓我看到一個人所承受的痛苦，即使是胎兒，都能在歲月中釀出如此溫柔的慈悲，轉而承接、協助更多人轉化痛苦。生命本有的智慧，顯然遠遠大於我們的擔憂與理解。

他的話，讓我相信一切都會沒事。生命自會找到出路，就算再怎樣的痛苦，也會有美麗的轉化之道，正如一行禪師的名言：「昨日淚，已成今日雨。」

在跟 Jock 做過諮商後，我知道，當時的我已經盡力了。而當我們盡力而為之後，就只能放手，信任生命的運作，我相信這麼一來，我們也會將生命的力量與我們對生命的信任，帶給肚子裡的孩子！

遇到難以啟齒的事，先在面前擺張空椅子吧

終於走到辦理離婚手續的關頭，接下來的問題是：我該怎麼對當時才四歲的女兒開口說這件事呢？

開口，很難。畢竟，很少人會在相處愉快的狀況下想到分手。若非迫不得已，誰都會想讓孩子活在雙親俱全的美滿日子裡。

然而，如果連我都過得不好，委曲自己、欺瞞自己，我又如何做個榜樣，讓孩子學到尊重自己的內心感受，選擇自己想要過的生活，並對自己做出的決定負責呢？

話說回來，孩子畢竟還小，要將這些講給對這世界還很陌生的純真孩子聽，還是太複雜

了。何況，那時候的自己也還陷在種種困頓中，還在摸索，還在許多不知道中重新認識世界。

很幸運的，有瑪莉亞・葛茉莉（Maria Gomori）幫了我好大的忙。葛茉莉是家族治療大師薩提爾（Virginia Satir）的重要門生之一，我跟著她上了不少課程。

葛茉莉讓我面對一張空椅子，把椅子當成我四歲大的女兒，透過她的引導，我嘗試著跟隨自己的心，將心裡想告訴女兒的話說出來。

一開始，我真的是心亂如麻，不知該從何說起。葛茉莉說：「那你就誠實的告訴她，媽媽不知該如何對你說。」原來這麼簡單，坦誠相對就好。

後來，我也把這方法用在自己的生活裡，我發現像這樣誠實的態度，不見得會讓對方反感，反而經常會因為誠實，而讓彼此內在有更深的連結。

我面對空椅子，想像女兒就在我前方，試著告訴她：「我不知道該如何對你說，但這件事也不可能不讓你知道。」

一旦勇敢坦誠自己的狀態，接下來，我就更知道如何進行了。在整個過程裡，我一直對自己說出口的話保持覺知，隨時將自己的內在狀態告訴女兒。

有時候，我意識到自己的情緒突然上來，我就會立刻告訴她，剛才那是我的情緒，你的爸爸並沒有像我講的那麼壞，他還是有優點的，我為我剛剛說的話道歉。

我一直學著這樣保持坦白，並且練習把自己的擔心說出來：「現在媽媽決定離開你爸爸，我擔心你會不會覺得，是你不對，是你不乖，所以爸爸媽媽才要離婚？」

葛茉莉也會讓我轉換角色，讓我說完之後，坐到孩子的位置上，去體會當孩子聽到這些話的心情。

我感覺到，孩子在聽到這些話之後，心裡輕鬆許多。好像當我說出這些真話，鬆了一口氣後，孩子也就跟著放鬆了。

因為，很多事情就算我們不說，孩子也知道，就算我們說謊，孩子心裡也很清楚真相。說真話，讓我們母女兩人都不需隱瞞，真話，讓我們的心更靠近了。

孩子的確會想知道父母親發生了什麼事，因為孩子與我們是如此血肉相連，難分難捨啊。

透過葛茉莉的帶領，我進到愛裡，在愛中跟孩子對話。

當我跟孩子有過這樣的交談，以後就算我的情緒上來，多說了些什麼，孩子也會了解。因為她們清楚我很坦白，沒有逃避，沒有躲藏，沒有隱瞞。當我們不小看孩子，孩子內在那個很懂事的部分就會被喚起，孩子的智慧與包容遠遠超出我們的理解。

坐在一旁看父母吵架

在跟孩子說到離婚狀況時，有件事我覺得很重要，那就是要讓孩子清楚知道，爸媽離婚跟他是無關的。

有一回，在成長團體裡，我聽到一個例子，有個青少年聽到爸爸媽媽在吵架，讓他心煩意亂極了。他總是想做點什麼，希望能平息父母之間的紛爭。

可是，當他這麼做時，反而讓自己捲入了父母之間的紛爭，往往只是讓情況更混亂。後來，這個青少年有機會學到了人與人之間的「界線」。

後來再看到爸媽吵架，他就會走過去問他們：「你們吵架跟我有關嗎？」爸爸氣呼呼回答：「沒你的事，到一邊去。」

於是，他便拿了張椅子，坐在一旁看父母吵架，整個人的心情就截然不同了。

知道「界線」的存在，可以讓孩子放下拯救父母的責任感，從父母親兩人的混亂中抽身出來，給自己一點清明跟空間，產生自己的判斷與了解。

聽到這個故事後，我便覺得自己應該把這件事教給我的孩子。

而在離婚過程中，女兒是不是有受到我的影響呢？

我相信一定有的，但是，我盡我所能，在愛的基礎上，為她保留一個很大的空間，我相信將來有機會，她會重新認識她的父親，也會有屬於她自己的看法和態度。

對著空椅子一直打、一直打

有一次參加心理劇創始人雅各布・莫雷諾（Jacob L. Moreno, 1889-1974）遺孀哲卡・莫雷諾（Zerka Moreno）的課程，那次經驗讓我印象格外深刻。

當天的主角是個女生，她一直陷在感情糾葛中走不出來，她痛恨那個男生，卻又離不開他，這樣的矛盾，也讓她痛恨自己為什麼沒辦法好好站起來，走出這段感情。

那一回，老師讓她手上拿著棒子，對著一張空椅子一直打、一直打，把她內心壓抑已久的憤怒統統宣洩出來。

她打的空椅子並不是那個負心漢，她狠狠打的是她自己。

我剛好坐在第一排，她打椅子時，椅子不斷晃動移動著，我上前幫忙抓緊椅腳，讓她可以專注的發洩情緒。

她一邊打，嘴裡還一邊罵：「你這個笨蛋，你這個沒有用的人！這個男人這樣對你，你為什麼就是無法死心！你到底在做什麼！」

我蹲在那裡，扶著椅子，她發洩出來的憤怒能量，透過椅子如此真實的傳到我身上來。

不知怎的，我感覺她的每一棒都像是打到了我身上，每一擊都像是要把我還沒清醒的部分給徹底打醒。

這時候的我，已經離婚了。可是，離婚前的種種記憶卻還困著我。這個女生對自己的責怪，也正是我對自己的責怪：我也恨自己為什麼會讓一段婚姻搞到這樣結束，我也恨自己為什麼這麼無能，就算我下定決心要走上離婚一途，就算我自我安慰這是自己能做的最好決定，但畢竟這是一段「痛徹心扉」的經驗。

吵架會讓人失去理性，脫口說出嚴重傷人的話，而我常會不自覺的把對方指控自己的惡言惡語，往心裡頭放：真的嗎？我真是這樣嗎？

然後，開始覺得自己真的很無能，真的這麼糟糕、這麼惡劣、這樣無藥可救。我的自信心，我對世界的信任，就這樣在一次又一次的爭吵中慢慢流失，慢慢瓦解，慢慢崩潰。

這真是對靈魂最大的摧殘。

一位同性戀神父的告白之後

當兩人如此惡言相向時，我相信，我一定也對他說了許多惡言。待在這樣的婚姻裡，真是一段不堪回首的恐怖時光。

離婚後，我自以為海闊天空了。但是，透過這個女生的這場心理劇，我卻看到了那段恐怖的時光尚未從我心裡離去；那些惡言惡語所造成的痛苦，還沒有恢復；跟自己曾經那樣親密的人之間的撕裂，也還沒有癒合。

我緊緊抓住椅腳，淚流滿面，她哭，我也哭，她傷心難過，我也傷心難過。

她繼續打著椅子：「你還不醒，你還不醒，都過了那麼久，要怎樣，你才醒得過來！」

這些話，她是在對自己說，可是，我卻真真實實的感到，她的每一棒都在打我，她的每一句話都在罵我。

我一直哭，一直哭，有人看到我哭得那麼傷心，想過來幫我接手抓住椅子。但我即使哭得泣不成聲，淚流滿面，還是不肯放手，我要繼續下去。心裡想，你打，你打，你用力打，請你把我打醒。

她說的這些話，如果換成我媽媽或任何人來講我，我一定會頂回去，沒辦法接受。那時候，我的防衛心還很重，內在也還很痛苦，所以沒辦法讓任何人碰觸。

「你這個賤女人！」「你真的很沒用！」「你好不要臉！」「他都不要你了，你還作踐自己！」「你孬種！」「你以為你是誰！」「你算哪根蔥！」這個女生的每句話，清晰的照見了我自己的處境，也是平常盤旋在我心底深處，自己罵自己的聲音。

這些話，聽來好痛苦，但從她嘴裡說出來，每一句都像是在療癒我內在最不堪的部分。

隔天，在團體分享的時間，我請教老師：一般在成長團體裡，不都是彼此支持與安慰，給彼此溫暖嗎？可是，前一天那個女生對著空椅子鞭打與斥責，為什麼會那樣深刻的療癒了我？為什麼，我會覺得她的每句話是如此語重心長，像當頭棒喝一樣敲醒了我？

老師沒有直接回答我的問題，反而說了另外一個真實的故事。

老師曾有多年的時間，持續帶領一個十多人的小團體，長期下來，團體成員之間形成了很深的信任。

這個團體的成員中有位神父，在某次聚會裡，神父向大家坦承了自己的性向——他是個同性戀者。大家聽了他的告白，給了他很多溫暖和支持。可是，之後的聚會，神父卻沒再出現了。

老師打電話給他：「你為什麼不來參加聚會了？」

神父回答：「我不要你們給我那樣的溫暖和支持，那不是我要的。」

老師不明白他的意思，想了解他的感覺：「那你想要什麼？」

神父說：「我覺得我是個罪人。」

老師聽了便對他說：「你可以下次再來參加聚會嗎？」

當神父再次出現時，這一回的聚會便朝著神父希望的方向進行。

在聚會中，已有深厚情感的團體成員，讓神父經歷到教會中對同性戀的批判、譴責與懲罰。神父內在有很深的罪惡感，平日在真實生活中他無法經歷這樣的感受，只能一直壓抑。當他在成長團體中，接受到他心中認為該有的審判與懲罰時，整個人反而平靜下來了。而這才是他覺得自己需要的。

他需要受懲罰，別人的包容與體諒，反而帶給他更大的羞愧感。

許多時候，我們一味的認為，只有善意與溫暖才有助於成長，卻經常忽視了當事人真正需要的是什麼。

有些人的情況是，你越包容他，他反而越感到痛苦，而這種痛苦，是他無法承受的。這就是在愛裡受罰，而當頭棒喝，需要更大的愛與慈悲。

愛和支持的方式有千千萬萬種，我們都需要有更深的智慧、勇氣和慈悲，去幫助彼此面對真相，接納自己。

這回經驗，也讓我更深刻明白，在我們心底百轉千迴的那些聲音，並非就是等於我們。可是，從小幾乎沒有人會告訴我們這件事。

在這次的心理劇過程中，我終於能擺脫離婚過程的惡言惡語，重新收拾好自己，也讓自己清醒過來。

光是看到、承認並接納自己內在那些批判的念頭，就是一種莫大的解脫，心靈陰暗之處終於能重見光明，恢復生機。

是的，恢復生機。

繪畫，
是我靜心的好方法。

5 回源頭，回本心，回歸自己 我與靜心之道

離婚後，我的生活穩定多了。我也在無意間遇到了Bob，並開始試著走入兩人共築的感情世界，但是沒想到，一年多之後，母親發現罹患癌症，接受了一年多的治療，還是撒手辭世了。

母親的過世，對我來說，難以承受。

我的前半生，就只有我跟她兩個人相依為命，沒有母親就沒有我。她的離去，不只讓我的生命頓失重心，甚至，也不知何以為繼。

母親過世之後不久，我便接受了一次個別諮商，那是一位很棒的諮商師，他的專長是情緒治療。

在諮商過程中，他要我將自己對母親的憤怒表達出來。

我當下的反應是：「我對母親沒有憤怒啊。」

他說：「有，她遺棄了你，讓那個憤怒出來。」

於是，我依照他的指示，找了一個枕頭，對著枕頭一直打、打、打。我一邊打著，心裡卻很清楚，我只是配合演出。他給我的指示，並不符合我當時的內心感受，可是，我怕傷害到他，怕他會覺得自己是個不稱職的諮商師，於是，我便繼續演了下去。

這是我接受諮商以來，唯一一次，沒有直接處理到我當時的需求。在經過這次諮商之後，我發現，情緒治療已經不適合我了。

或者該說，在經過這些年成長團體的學習與歷練之後，對於自己的情緒、感受與念頭等，我已經沒有那麼認同，不會再像以往無意識的深陷其中，無法自拔，難以脫身了。

母親的過世，讓我進入很深的悲傷中，但我並不是為了擺脫這樣的情緒，而去接受諮商。

事實上，母親過世之後，在我們返回台灣之前，為了慰勞一雙乖巧的女兒，在母親生病臥床那陣子給我的幫助，我還帶著她們去了一趟環球影城。那裡充滿了歡樂的氣氛，女兒開心的玩著，我陪在一旁，想到才剛過世的母親，那打從心裡不斷湧出的傷心淚，真是流不盡、也止不住啊。

我是感到很悲傷，但情緒對我來說，已經不至於造成什麼困擾，我不會再因為無法處理，或不知如何面對情緒而苦。然而，心理學所處理的層次，只能到達處理情緒所造成的問題。

這次諮商讓我徹底明白，光是接觸心理學，對我來說已經不足夠了，這可說是我轉進靈性道路的契機之一。

給哀傷多一點時間與空間

母親的離去，帶走了我生命裡很重要的活力。死亡的拉力如此巨大，甚至，我的靈魂有好大一部分也跟著母親離開了。即使眼前這五光十色的世界如此生動引人，我卻怎麼樣也融不進去。

濃厚的悲傷與哀愁，揮之不去，讓我很難若無其事的重拾過往生活。

不知是什麼把我跟這個世界隔開，我感受不到身邊的事、身邊的人。眼看著身邊一雙正值青春的女兒，我知道自己應該振作，卻覺得如此無能為力。我必須好好獨處，離開一切，離開平日的生活規律，給自己時間跟空間，哀悼我生命中最重要的人。

於是，我收拾行囊，去了一趟印度普那的奧修社區，參加了一個長達七個星期的繪畫靜心團體。

我大約在二十歲出頭時，就在美國聽過奧修的名號了。一九八五年《時代》雜誌登了一大篇關於他的報導，也許當時我還太年輕，他的新聞雖然引起了大家的討論，但並沒有引起我太大的好奇。直到我接觸心理學後，才一頭栽進他的著作裡。

他在印度擔任哲學教授時期，是學校裡的頭痛人物，他直言不諱，加上叛逆的性格，到了美國，很快就引起軒然大波。據他的秘書說，他持續多年，每天至少讀十四本書。他深厚的東方哲學基礎，不斷衝擊美國保守派，最後老美乾脆將他驅逐出境。

還記得當我第一次閱讀奧修的書時，就像當年我第一次翻開龍應台的《野火集》一樣，深受感動，同時也啟發我對很多事情的理解。

在印度，處處可見他們自古以來不斷追求靈性成長的軌跡與歷史。無論有沒有受過教育，每個人只要談起宗教或心靈依歸，都能說出一番值得省思的話。這大概是為什麼我會對印度文化特別熱中的原因吧。

第一次到奧修社區，我重拾畫筆，繪畫成了讓我靜下心來最好的方法。在一個半月的繪畫靜心過程中，我經常是垂著眼淚畫畫，我將所有的時間，都用來全心面對自己痛失母親的心情。

在這個歷程裡，我深刻的發現並體驗到，對於心裡那份深到讓人無能為力的哀傷，原來，其實什麼都不用做，只要給它足夠的時間與空間，靜靜的不去打擾它，它自然而然就會流動起來，找到它下一個新的方向。刻意想去改變，反而會造成能量的扭曲與阻礙。

在奧修社區，我得到好大的放鬆與支持，原本濃稠到難以化開的哀傷能量，就在我全心全意的陪伴下，慢慢一點一滴散去、離開、消失。

光用頭腦想，或是以前從心理學的角度來分析，可能很不容易理解什麼都不做，就只是帶著覺知，一直陪伴自己待在悲傷的狀態中，竟會有這樣大的轉變自然而然發生。

這是我待在那裡最久的一次，也讓我見證到靜心的力量，無為、沒有任何目的，全然放鬆，單純待在此時此地，「享受」一切自然而然的發生。

即使發生的，是悲傷，是哀痛，是悼念。

這些之所以存在，就是因為我需要它。

因母親之死所湧生的哀傷與痛苦，推動著我不得不暫時離開心愛的先生、女兒、朋友，千里迢迢來到印度。也因為這種彷彿墜落谷底、爬不出來的狀況，讓我不得不把自己引入哀痛的谷底。因為勇敢，我見識到生命的另一個境界。

靜心，推我回家，回源頭，回本性，回歸自己

打從我開始接觸成長團體以來，對於自我探索這件事，我一直不遺餘力，全力以赴。

接觸心理成長團體，讓我打開眼界，看到過往從來不了解、沒有碰觸過的自己，也學著回顧過去、整理自己，見證自己療癒的過程，讓自己的身心更加健康。但是，當我開始走入靜心之道，靜心的力量卻猛然把我推向了另一個定的層次。

或者不是另一個層次，而是，把我推回「家」，推回源頭，推回本性，推回我一直尋找的自己。

在靜心中，我學會不管發生什麼，我都可以敞開、接納所有的一切。

無論是快樂或悲傷，都是生命的一部分。以往，對於痛苦與難過，通常我們的反應是逃離，跟朋友聊天、看書、聽音樂、看電影、旅行，甚至是去做諮商，這些作為，很多時候，都是為了想要逃離心底不舒服的感受。

因為，太不舒服，所以本能想要逃。大多數的人，會把哀傷深深埋葬，刻意讓自己以為它根本不存在。因此，怎麼能停下來？一旦停下來，便必須一一面對，對大多數的人來說，那太恐怖了。所以必須讓自己忙碌，完全不碰觸情緒議題。

而另一種人，他知道自己有情緒。但是他覺得自己的負面情緒是不對的、是不應該的，是應該改善、應該調整的。

但幾乎沒有人告訴我們，這些情緒沒有不好，我們可以待在情緒裡，而且可以跟這些情緒好好相處。情緒只是能量的表現，我們跟這些情緒，是可以自在的。

母親過世，悲傷如影隨形，不管再怎麼做，我都覺得深沉的悲傷不會離去，而且，我越想遠離它、處理它，卻越適得其反。

反之，當我願意承認：我就是難過到無能為力，我就是很難從悲傷中振作起來；當我願意徹底臣服在悲傷當中，當我願意順著悲傷之流不做任何抵抗，臣服於內心真實的感受時，轉變反而發生了。

大家總說要釋放悲傷，可是這一回，我體會到是悲傷釋放了我。

這種自由的體現，是如此浩瀚、輕盈，又如此清晰。

這給了我很堅定的信心，繼續走在靜心這條路上。

成長團體，讓我重新活了起來；走入靜心，讓我真實深刻的嘗到了活著的滋味，酸甜苦辣、喜怒哀樂，如今我可以敞開來品嘗，沒有好壞對錯，這就是生命。這樣的經驗、這樣的態度，帶我進入了生命的浩瀚與壯美。

別讓珍貴的能量，全卡死在擔憂與煩惱之中

曾經有人問我，我是何時開始靜心的？

回想起來，我從小沒有手足、沒有父親，只和母親一起生活，多半時間都是一個人。我很享受這樣的獨處時光，一個人安安靜靜的不說話，所以應該說在我很小的時候，便已嘗到靜心的滋味了。

許多教導跟觀念，會讓我們以為靜心是要坐在固定位置、刻意擺出某種姿勢、採取特定

的呼吸法等等。但對我來說，靜心，是隨時隨地都在進行的。

回想我們童年時，是多麼享受遊戲的樂趣；徜徉在大自然中，感受清風的吹拂，領略景色的優美；與愛人相望對視，無聲勝有聲……，那些時刻，我們就曾經體驗到靜心的滋味了。那是一種除了當下之外，什麼都消失了的經驗。

待在奧修社區期間，我們經常在百年老樹下畫畫，聽著西塔琴的音樂聲，從清晨六點到半夜十二點。夜深看不見顏色了，我們就點起蠟燭，在搖曳的燭光中，繼續與色彩、音樂共舞。

在這樣的時刻裡，活著是如此不費力，繪畫是如此自由。一切就這麼自然而然流動起來，日子過得鮮活有意思。

這樣靜心的品質一直存在於生命的每個片刻，只是，平常我們都忙著想接下來要做什麼、剛才發生了什麼，或者擔憂著下個月、下一季的進度，懊悔著過去做得不夠好，而與生命最自然的狀態脫節了。

我們的能量都卡在擔憂、煩惱裡，根本沒有力氣為生活、家人、工作投入更多心血。

各式各樣的靜心活動，其實，都只是想把我們帶回生命的單純裡，帶回到此時此地，here and now。

不少音樂家、畫家、運動選手，都曾在演奏、繪畫或比賽中進入渾然忘我的境界，也都體會到了這種沒有時間性、純然活在當下的狀態。

即使有悲傷有憤怒，當我們能處在當下，全然跟那樣的情緒相處，自然而然情緒就會流動起來，就會蛻變。

在普那畫畫的時候，用的是水性顏料，我先前學的是油畫，水性顏料是從白色開始一直加深，但油畫的畫法卻是由深到淺，兩種媒材之間的差異相當大，我相當挫敗。畫得不順時，我心裡冒出各種謾罵，把所有的氣都出在以往的老師身上，氣他為什麼把我教成這樣，害我一直畫不好。

我真的很氣，也很煩。越想越氣，越想越煩。但是，沒關係。在靜心裡，我學到無論生氣、痛苦、煩躁，都沒關係，要在心裡騰出些空間給那個煩、給那個氣，給畫不順時的挫折與沮喪，學著跟這些情緒在一起，不趕走也不干擾它們，漸漸的，它們自然而然就會轉變了。

在繪畫靜心的過程中，我開始傾聽從心裡冒出來的聲音，無知、無情、幼稚、不負責任，如果我相信或執著於這些聲音，我就會痛苦。一旦隔著距離去聽那些聲音，就清楚看出了它們的荒誕。於是，我笑了。

別以為清楚了，聲音就不會再回頭找你，不，它會不斷來回魅惑你，這時我才發現，原來這是盤旋在我腦子裡的慣性思維：把責任歸咎他人而不停抱怨，而且相信腦子裡的聲音都是真的。

在普那，我學會等。悲傷時，我等；哀痛時，我等；沮喪時，我等。畫不出東西，遇到撞牆期，我也等。

我靜靜的聽心裡的聲音，它的摧毀力量相當大。這時我才明白，原來在我平常的腦海裡，負面聲音遠大過建設性的聲音。哇！

在等、等、等的過程中，又有個洞見出現了，我發現就算是張大千，或是任何一位知名的畫家，當他們在尋求突破時，總有遇到撞牆期的時候。就算畫家再怎麼厲害、再怎麼有名，撞牆期就是會出現，因為人總會希望超越、突破。即使是八、九十歲的老畫家，也一樣。撞牆跟技術無關，而是跟期待有關，跟性格有關。越急，撞牆期就越難熬。

人生不也是如此嗎？

既然，撞牆期是無可避免，那我就跟這座牆好好相處，不要硬幹。就算要撞，我也可以開開心心、心平氣和的撞啊。反正，就是畫不出來，那我乾脆去買杯咖啡、買一球冰淇淋，坐下來慢慢等，跟那個牆當好朋友，陪著它，等它自己軟化。

在微風徐徐的午後，我坐看著眼前的畫，不知何時，手竟然動了起來。回神時，已經是幾個小時以後的事了。就好像再長的雨季總會過去一樣，陽光會在陰霾後再度現身，漫長寒冷的冬天總要讓位給充滿生機的春天。

「凡事皆有定期，天下萬務都有定時……哭有時，笑有時；哀慟有時，跳舞有時。」時候到了，不管什麼，自然就會轉變。

而且，不只一切皆有定時，當我越來越享受靜心的樂趣，靜心的時間也就越來越長，我明白了奧修所說的：「不管情形怎麼樣，我都教你要享受。靜靜坐著，享受悲傷，突然間，悲傷就不再是悲傷，它已經變成一個寧靜而和平的時刻，它本身是很美的，並沒有什麼不對。然後有一個最終的煉金術的點會來到，當你來到那個點，你會突然了解到你兩者都不是，你既不是快樂，也不是悲傷，你是那個觀照者：你觀照山峰，也觀照山谷，但是你兩者都不是。一旦你達到了這個點，你就可以繼續慶祝每一件事，你可以慶祝生命，也可以慶祝死亡。」

好美！慶祝生命，也慶祝死亡，當我們連死亡都能慶祝時，那生命的品質會有多大的不同啊。

這種轉變的可能性，正是靜心帶給我的領悟。

把我搞瘋的不是別人，而是自己頭腦裡的聲音

在開始靜心、學會觀照之後，我發現這跟過去所接觸的心理學大相逕庭。

以前，總還是會想要怎麼改善自己、調整自己，讓自己更好。譬如，一旦看到自己的負面性格，不禁就會覺得哎呀，糟糕，我怎麼又來了！我怎麼可以嫉妒？怎麼可以沒有耐心？怎麼可以沒有愛心？怎麼可以對孩子這樣？怎麼可以對父母那樣！怎麼可以這樣對朋友……

以前，也總會把自己的狀態分成好及壞、正面跟負面、樂觀與悲觀、積極與消極、光明跟黑暗、成功與失敗，不斷在二分法中來來回回，喋喋不休。頭腦總是不斷把歸類成好的、正面的、成功的等等標準，用來評斷、批判自己，以及這個世界。

靜心之後，我不但明白了頭腦的運作方式，也更了解心智細微的部分，它讓我把自己看得更清楚。

腦子，很自然會區分、歸類及分析。它對現狀不感興趣，總想著過去，或想著未來。裡頭盤旋著各種欲望、渴望及想像，它很難停下來，很難停留在當下。

其實我們在生活上的主要壓力，不是來自外在，而是來自頭腦永無止境的追逐與凌亂。因為頭腦對於越得不到的東西，越感興趣。如果我們沒有覺知，讓這樣的情況無止境延續下去，就會帶來焦慮、緊張及壓力。

而靜心，不是要跟頭腦裡的任何念頭對抗，也不是要分辨腦袋裡哪個想法是好是壞，或是分析為什麼這個人要說這樣的話，或是他為什麼會這樣對我等等。

靜心，就是讓心靜下來，給出空間，好好聽腦袋裡的聲音。

就像是坐在路邊，看著車子來來往往，這樣就可以了。當腦袋知道有個更超然、更清晰的意識看著它時，它就比較難肆無忌憚的撒野。

以前，腦子是霸王，要念頭往哪裡去，念頭就往那裡跑，而且還不斷加碼，給它能量，加強它的可信度、真實性。遇到越不爽的事，它就更停不來，就越忙碌，越不可收拾。最後整個人心力交瘁、疲憊不堪。我們的能量，都是耗費在這樣的運作中。

現在，我可以歇息了。我就坐在那裡看著它亂竄，看著它的荒誕，看著它像一匹脫韁的野馬狂放不羈。

而我，只是看，不批評。因為批評，只是另闢一個新的戰場，重新開始另一回合而已。當我很有意識的看著頭腦時，它就會慢下來，最後停下來。我開始了解，原來把我搞瘋的不是別人，而是自己頭腦裡的聲音。

有一回，我看 Discovery 頻道播出一個跟重刑犯有關的介紹，看著看著，突然意識到，這些重刑犯跟我之間的差別，只在於他們聽信了頭腦裡那些支持殺戮的聲音。

當他相信別人的存在會對他造成威脅時，他就有能力廝殺。當他相信別人一點價值都沒有時，他就什麼事都做得出來，而且沒有悔意。

他不斷咀嚼負面的念頭，強化它的真實性，最後不得不讓對方消失。因為唯有這樣，才能去除掉他頭腦裡的聲音。他們相信別人冒犯他，該殺；而我相信蚊子冒犯我，該殺。

睡覺時，有蚊子吵得我無法入眠，我會毫不遲疑揮手一打。我並不關心那隻蚊子是不是上有父母、下有子女，當我相信蚊子的存在會影響到我的安寧，當我相信牠的生命毫無價值時，我很輕易的就能奪走牠的生命，而且毫無悔意。只有殺了蚊子，頭腦才得以安靜。

這，就是暴力的開始。

另外，每個人對別人都有不同的評價，覺得「某種人」沒有價值，當我們認定「某種人」沒有價值時，很自然就會用一些粗暴的語言及行為來表示我們跟他的不同。

如果我們真的認定自己是對的，就會想辦法要扼殺他，或扼殺他的「壞習慣」，目的其實是要去除我們自己腦子裡那些衝突、焦慮、喧囂的聲音。

除非你能覺知的讓自己腦子安靜下來，否則，這些負面的聲音會在腦子裡無止境盤旋，這是相當令人痛苦的。

人與人之間很多語言、肢體暴力就是這樣產生的。

如果希望世界上的戰爭停止，不如先把腦子裡那些衝突、對立的聲音清理乾淨，讓一場又一場的內在戰爭先停止吧。只有衝突、對立停下來後，愛才可能滋長。

我意識到，如果我無法從自己身上找到和平，找到愛，那我又如何要求別人？我能往哪裡尋找？有誰能給我呢？

在靜心中，我觀照頭腦裡發生的事情。遲到了，頭腦就開始為自己找藉口：都是剛才路上遇到太多紅燈。某個人說的話，讓我很不舒服，頭腦就開始分析：全都是他的錯，我實在錯看他了。說了別人的八卦，頭腦試著撫平自己的不安：誰叫他惹我，自作自受。看到似乎跟我們不同國籍、不同背景的人，頭腦就開始根據過往的資訊對眼前的人分門別類：這個人有水準，那個人沒水平。

過去，當我不夠覺知時，我也只能相信頭腦裡的這些聲音，而且認定它是對的。現在，靜心之後，我學會去看頭腦的各種活動和聲音，我不再是個參與者，我只是個觀照者，一旁欣賞頭腦的狂野，也因此，我更加深入了解人性，領悟了人是怎麼一回事。

我發現，腦袋裡有很多聲音是來自我的母親、我的成長環境、我的傷、我的孤單、我的失望，還有我的痛。這些聲音不是我，但也都是我。我就在這樣的人性當中成長，我就在生命的流動中迷失，我就是這樣的世界的一部分，但我卻不等同於這些。

正如蘇菲諺語所說：「活在世界裡，但是不屬於世界。」在靜心之道上，我不斷發現這件事。也可以說，我不斷的從這些噩夢中覺醒。

我不回去陪小孩，在這裡幹嘛？

剛開始靜心的時候，我跟絕大多數人一樣，只知道自己的腦子吵到不行，念頭好多。幾乎每次靜心，我都還要刻意抓個主題來想，好度過靜心時的無趣與無聊。畢竟，這就是頭腦的特性，它總是要找個事情做，沒事做，它就感覺時間很難熬。

最常出現的聲音是，我在幹嘛？我不回去陪小孩，在這裡幹嘛？

即使如此，偶爾，在嘗到靜心所帶來的喜悅與平和之後，我深深感到自己對清新的智慧、對生命的無限可能，有強烈的渴望。我覺得內在智慧一直在邀請著我，要我往生命無限可能的方向前進。我無法不隨著進入那份喜悅，因為渴望就在我的靈魂深處震動著。

當覺知力日漸強化，喜悅越加清晰之際，我也越加感受到內在還有很多陰暗要面對，而且有更多疑惑不斷冒出來。

那時，我不禁想著，到底什麼時候，我在書上看到的那種全然「開花」的狀態，才會發生在我身上呢？

《一個新世界》中曾提到：「花朵是瞬間即逝、脫俗空靈又更為嬌貴的。它們彷彿是從另外一個領域來的信使，是有形世界和無形世界之間的橋梁。它們不但具有令人愉悅而且優雅的香味，同時也帶來了來自心靈世界的芬芳。如果我們用比較廣泛的定義來使用『開悟』（enlightenment）這個字，而不是從傳統定義上來說的話，我們可以把花朵視為『開悟』的植物。任何領域的生命形式，舉凡礦物、植物、動物或人類，都在經歷『開悟』的過程。然而開悟極為稀有，因為它不僅僅是進化上的一個突破而已，它同時意味著發展中的一個斷層，從不同層次的本體跳躍到另一個。」開悟、開花，就像這段話的描述，是整個物種累積了長久以來的進化力量，才得以獲得的突破，那是整個本質上的改變。

我渴望這樣的境界，這樣的渴望是帶著頭腦的想像，揣摩著開花狀態的美好、平靜與祥和，但這也是打從我靈魂深處湧出來、彷彿早在我誕生之前就已存在的渴求。

當時，這渴求強烈到，甚至讓我認為我最深愛的家人是我求道上最大的障礙。

那時候，我跟第二任丈夫 Bob 的感情已經很穩定，兩個女兒也越來越可愛，我很愛他們，他們也給我很多很多的愛，我們之間愛的連結無庸置疑，我們的生活也非常美滿、令人稱羨。可是，我就是無法忽視內在強烈的聲音，如此深切的渴求著。我當時認為我必須得離開他們，才能專心一意的走在求道的路上，才能有更多進展、更大的可能性。

不用說，我的腦袋對自己這種渴求與執著，其實有很深的責備。當時，我身邊有些好朋友甚至說，真想一巴掌把我打醒。

我心繫求道，但現實生活上的圓滿讓我無法放手，這兩者之間的劇烈拉扯，造成一種緊張的拉鋸與衝突。我卡在那樣的狀態裡，感到既不能前進、又無法動彈的痛苦。

加上母親往生後在我內心所挑起的對生命的質疑，除了走進去，我別無他法。

遇見喇哈夏，到處都是佛

一直到我遇見了喇哈夏（Rahasya）。

我第一次上他的課程，是六天的僻靜課程，而且我們是全家人一起去。

喇哈夏原本是個在德國執業的醫師，有一次他去攀登喜瑪拉雅山，在北印度翻閱到一本跟奧修有關的書。他花了一個晚上讀完那本書後，對自己說，只要那本書裡寫的有一半是真的，他就一定要去拜訪奧修。

當他見到奧修之後，人生從此改觀，他聽從了內在的聲音，放下了在德國的大好前途，開始走上靈性道路。當我去上他的課時，他已經開悟了。此後，他就將諮商跟工作坊的重點放在人的覺知上，幫助人們瞥見自己的完美。

因為，在他的眼中，到處都是佛，每一件事都很完美，包括人們的受苦。所以，他不再將重點放在處理人們的創傷跟痛苦上，而是將這些當成很好的切入點，帶人們認出內在的佛，放鬆下來，回到存在的核心。

喇哈夏的工作坊，充滿了寧靜祥和的氛圍。在他的帶領下，可以明顯看到學員們臉上的表情一天比一天放鬆，笑容也越來越真誠平和。

就在這六天工作坊的某一刻，我的頭腦鬆開了，完全鬆掉，沒有執著於任何東西，就讓念頭這樣來來去去。

在如此深刻的放鬆中，我接受了自己卡住的狀態，我不再逃，不再掙扎，也不再追求；我不再自我對抗，也不再想超越現在的情況，我就是全然接受自己陷入瓶頸，不知該如何突破的狀態。當我願意這樣全然的接受自己，接納那個一直在追求的自己，接納那個衝突不斷的自己，接納那個無法處於當下的自己，我的追尋，反而停了下來；我，反而，更加放鬆與安靜了。

正如喇哈夏說的：「受苦就是能量卡住，或是對經驗的事實抗拒。當你邀請任何卡住的狀態進入到心，那個卡住的狀態就會被打開，當我們以全然的『在』來面對它，它就打開了。唯有在無意識的狀態下它才會卡住。當有兩極存在，它才會停留。當只有『一』，它是無法停留的。」

在他的工作坊中，我第一次瞥見、也體驗到「空」。

這次工作坊之後，我沒有再回到普那的奧修社區，我老老實實的回到了生活中，享受親情的愛與喜悅。

後來，因緣際會，有好多年時間我一直配合喇哈夏的課程，幫他做工作坊的口譯。這是一份很享受的工作，口譯時，我經常閉上眼睛，感覺自己其實並不是在翻譯，而是將自己放空，當個管道。我細心聆聽喇哈夏的話，然後再以同樣的頻率傳送出去，完全不加入自己的思考。

事後有學員告訴我，我雖然閉著眼睛，可是我的手勢竟然和喇哈夏一模一樣。可以說，在整個過程中，我和喇哈夏已成為一體，這也是一種靜心，一種無我的狀態。

成道的人，怎麼可以喝咖啡？

跟喇哈夏多年相處下來，我們也培養出亦師亦友的關係。

在跟他相處的過程中，我深刻體會到他是如此真實的活出自己的教導。當我與他相處，有任何不愉快或受傷時，我都會直接坦白的告訴他，他會很自然的向我道歉。有時，我也會揪起他的小我，挑戰他，但他都會用他所教導的愛與耐心來回應我。

有朋友會因為喇哈夏是所謂的「開悟者」、「成道者」，而對他產生各式各樣的檢驗與挑剔。譬如，有人看到他買東西會討價還價，就會說一個開悟者怎麼會這樣。

但是，成道者並不是像一般人所想像的那種完美聖人的形象。記得《一個新世界》的作者艾克哈特．托勒（Eckhart Tolle）說過，曾經有個學員在星巴克看到他時大失所望的說：「你怎麼可以喝咖啡？成道的人怎麼可以喝咖啡？」

開悟、覺醒，跟好壞、美醜、對錯這些二元性都沒有關係，成道者並不會為了要你敬拜他，而時時刻刻維持一個莊嚴的形象，成道者明白：「無論聖人或罪人，無論行為如何，你都是『那個』（that，指我們的本性、本體、佛性、神性等）。」成道者以這樣的悟性，跟這個世界互動。

他以跟世界互動的方式，啟發我們，開導我們。這樣的榜樣，世間少有。

通常，我們總是努力想證明自己，證明自己的能力，證明自己是聰明的，證明自己是有愛心的，證明自己是個好人，證明自己是值得被愛的。或者，我們總是試圖想要成為某種人，成為父母心中的好孩子，成為某個團體的中堅分子，成為眾人的榜樣等等。

但我們會發現，不論我們怎麼做，都是不夠的。我們的努力，總是沒辦法達到我們想要的那個目標，彷彿總是近在咫尺，卻遠在天邊。

我們在生命裡，總覺得做人好累、好辛苦，活著就是在受苦。不斷質疑自己的狀態，也不斷挑剔別人的不是。

但成道者、開悟者，他們都停了下來，他們看清所有這些努力跟追尋，都無法給人真正想要的，他們知道這些都是幻相、都是謊言，人們一直活在虛假的想像與信念中。他們讓覺知揭穿那些想要達成什麼、改善什麼的信念與想像，正如奧修所說，這些虛假的都會在覺知的光照下被燒毀，最後只留下真實的本性。

成道者、開悟者已經完整了，沒有想要成為什麼了，對他們來說，只有此時此刻，只有當下，只有生命本身。

我在跟喇哈夏的相處中，見證到當一個人用全然的愛與覺知生活時，生命是可以如此和諧平靜，並散發出溫暖的光芒與智慧，可以與人分享快樂，感染別人，也轉化他人的生命。

有機會接近像喇哈夏這樣的開悟者，讓我體會到一個真正「健康」的人是什麼樣子，也讓我渴望自己在各方面都能更健康。

男人離家求道，女人以愛成道

在印度，有種傳統稱為撒桑（Satsang）的聚會，人們跟開悟的師父齊聚一堂，一起聆聽、討論及理解真理。

這些開悟的成道者，他們已經不會受困於頭腦的緊張與局限，跟他們在一起，會讓人在放鬆中感受到本然的愛與健康。

認識喇哈夏之後，他也開始介紹我去參加其他開悟者的撒桑或工作坊。我會去上恆河母（Gangaji）、拜倫・凱蒂（Byron Katie）、托勒的課，還有去印度的合一大學（Oneness University），都是經由他的介紹。

Gangaji 的本名是梅兒・安東奈特・羅伯森（Merle Antoinette Roberson），結過婚、離過

婚、生過小孩，也遭遇過先生有外遇的情形，她是個那樣真實活過的女人。她曾是個成功的針灸師，多年來一直嘗試著各種靈性修持，經歷過深沉的沮喪、失望與憂慮，直到她在印度遇到她的導師 Papaji。她感覺到所有追尋就此終止，關於她個人的受苦故事也就此結束，一個真實的生命從此展開。Papaji 從恆河（Ganges）得到靈感，給了她 Gangaji 這個新名字，也要她回到美國，開始跟世人分享她對真理的體驗與了解。

在前往美國見 Gangaji 之前，有朋友給我看了一本奧修談女性成道者 Sahajo 的書。透過這本書，他第一次提到開悟的女性。他提到，男性與女性截然不同，正如陽光透過三稜鏡會分成七種顏色，綠色就是綠色，不會是紅色，這兩種顏色就是有差異，而這差異不會被摧毀，也不需要被摧毀。因為這樣的差異，正是生命之所以甜美的所在。

正因為男性與女性的差異，兩性的成道之路，很可能也是截然不同的。奧修說，女性心智的表達方式不是沉思冥想，而是愛，女性是透過愛來達到靜心，也只有透過愛，她才能明白靜心，對女性來說，靜心之名就是愛與祈禱。

他還說：「男性是具有侵略性的、戰士型的人；女性則是接受性、臣服型的人。對男人來說，冥想、瑜珈和苦行操持，是容易的；對女人來說，則是愛、祈禱、崇敬與奉獻。男人看重抽象，重視沒有實質性、曖昧的文字，輕視容易被掌握、描述現實的文字。他們喜歡談論遙遠的事物，討論天空。女人實際多了，她們討論身邊的事物，討論鄰里發生的事情……

男人說『母國』，女人說『我們的家』。男人說『人類』，女人說『我的兒子，我的丈夫，我的兄弟』。女人以家為界，像是小小的燭光照亮身邊，為家人點起光亮。男人像是火炬：他不是要照亮周遭，他的光芒去到很遠很遠的地方，他急著看清遠方的事物。」

這番探討女性成道者的文字，深深的打動了我。一直以來，我很清楚我對家人有著深刻的愛，可是，我所知道的靜心方法，都是在摧毀我執、摧毀信念、摧毀頭腦，這些方法，跟我對家人的愛之間，彷彿總是衝突矛盾、無法並存的。

眼前的家人那樣實在，我對他們的愛如此強烈，這份愛跟求道之心該如何並存呢？我能夠如何既得道，又不需要離開他們。

看到書中對 Sahajo 的描述，我方才明白，相對來說，男人要離開家去求道是比較容易的，而女人則要透過愛來成道。原來，我心裡的矛盾衝突，或許是因為過去我求道時不得其法？我跟隨男性師父的腳步，走向了男性擅長的修行道路。

我終於找到癥結所在了。當然書中也提到，愛與靜心最終都會達到同樣的點。但是，如果有一條更貼近我身為女人本質的道路，我又何必繞遠路？

如果女人是要透過愛來求道，那女人的愛在哪裡？

愛就是在我的孩子身上，就是在我的家人身上，在我的生活裡。

家，才是我的道場

當我來到 Gangaji 面前，她的神情是那樣謙遜平和、溫柔婉約，帶著淺淺淡淡的微笑，跟任何女人無異，可是真理從她身上所透出的光芒，足以融化任何一顆堅硬的心，讓來到她面前的生命沾染到真理之光的喜悅與安詳。

看到她的當下，我全身細胞都放鬆了。

很多頭腦的疑問與不明白，光是在看到她那一刻，就停止了。

過去，我們的印象就是成道者都是男性，或者是出家人。他們好像都高高在上，出世脫俗，而且在傳統宗教裡，女性一直無法跟男性平起平坐。但是 Gangaji 不同，她相當平凡，仍維持著她的婚姻，是個簡單樸實、跟你我沒兩樣的人，她在生活裡證道，在愛裡實踐真理，在塵世中當個靈性老師，分享真知。

Gangaji 的課程，並沒有什麼特殊的技巧，但光是親眼目睹她的存在，就激起了我身為女人的驕傲。我感覺有一股女性力量湧向我，愛，從我心中滿溢了出來。

心裡的愛一旦澎湃流動起來，我才發現，原來，家人不只不是我求道路上的障礙，反而是一直以來，是我自己對家人的愛不夠全然、不夠徹底。我一直向外追尋，希望從外面找到答案，而完全不了解，家才是我真正的道場，家人是帶領我開悟的師父，家才是我最終成道的地方。

儘管我非常愛我的兩個女兒，但是我對她們的愛還是有所保留，因為我接受了世俗的概念，始終害怕自己太愛她們，會把她們寵壞。

發現這一點，我的心好痛，我忍不住痛哭了起來。身為女人，往往會害怕一旦毫無保留的付出全部的愛，將會失去自己。

無我，不也是失去自己嗎？我問自己。Gangaji 既慈悲又溫柔的對我說：「愛可能是不舒服，甚至是極度痛苦的。但因為我們被制約，制約在逃避痛苦的框框裡，所以我們經常無法經歷到愛。然而，那個痛苦，其實是來自於凍結的心開始流動起來了。」

Gangaji 那來自真理的智慧與震動，是如此溫柔，又如此具有穿透力，她讓我身上過去所壓抑的、沒有彰顯的很多女性特質，在那個聚會中完全爆發了出來。她讓我回歸到做女人的自在，可以用女人愛的方式走在靈性道路上，也讓我明白：原來，女人，就是全然的愛。

原來，當個女人，可以這樣全然的去愛，在愛裡不斷敞開自己，不斷與這個世界連結、相遇、衝突、接納、包容、放下，求道絕對不會只有拋家棄子一個方式。

我深愛這個能放下所有不愉快的自己；我要回到我自己該走的道路上。

再也不需要有人勸我了，因為，我已經找回我的本來面目，接下來只要練習就好了。我要陪這個練習一輩子。

坐在那裡，我真的感覺自己回到家了，回到我心靈的家，回到我就是身為一個女性的家，也回到我有一半美國人血緣的家。

母親過世後，我經歷了對她全然的哀悼與悲傷、疼惜與感恩，這讓我自己在東方、母親這邊的血緣，得到了圓滿；可是在父親、我的西方血統那邊，我一直還有著缺憾。

即使已經與父親相認多年，即使和顏悅色的對待彼此，但是我心裡知道，對他，我還有掙扎，還有怨懟，還有不解，還有氣。我哭著問：「我渴望愛他，我不願意恨他，我怎樣才能放下對自己父親的恨？」

對於父親的遺棄，我心裡還有很深的傷痕和瘡疤。我總感覺自己的心既飄蕩又受牽絆，我是戰爭時生下的私生子，我還有抬不起頭來的一絲羞愧，我也總對自己心裡還怨著父親而感到愧疚。因為，某個程度我能理解他的難處。

我坐在 Gangaji 身旁，這是一個台下坐滿兩百多人的場合，我跟她坐在台上，看著台下所有的人。在陌生的眾人面前，說出了我藏在內心深處與父親有關的不堪情緒，我在求救。

我告訴 Gangaji，我想這可能是我來到你面前的最主要原因，我想從你身上得到愛人的力量，我想從自己身上下功夫，因為我好愛好愛我父親，我不想再對他有任何一絲責怪了。我越怪他，我就越心疼他。我再也受不了內心的煎熬，我已經沒有了媽媽，我不能繼續遺棄我爸爸。否則我跟我所痛恨的他，又有什麼不同？

我一邊說，一邊淚如雨下，泣不成聲。Gangaji 在她的喜悅與安詳裡接納了我的一切，她語帶慧黠：「西方人以遺棄著名，這是美國人的專長。」在場的人，全都領會到了她這簡單的一句話，看似幽默，既說出了我這一生的處境，也語重心長的點出了西方世界這幾百年來的歷史。

現場，原本凝重的氣氛，因為這句話，而有了會心一笑的轉變。

Gangaji 接著說：「但是，在美國發生九一一之後，我們都看到了，我們無法遺棄彼此，我們都是一家人。」

她看著我，也要全部學員看著我，然後她對我說：「歡迎回家！」

一直到那一刻，我才明白，那是我心中最大的渴望，我要回家。我不要恨美國人，我不要恨戰爭，我不要恨爸爸，我不要討厭媽媽；我渴望愛我的血緣，我渴望愛這個世界所有的一切。

畢竟這個世界是我唯一的家，任何的恨都會削減我對家的愛。我不要那樣……我們的對談感動了在場的每一顆心，在她的邀請下，每個學員都將接納送給了我，歡迎我這個流浪已久的孩子回家。這是一個讓我畢生難忘的歡迎儀式。我從沒想過，一個自覺被遺棄的孩子，有一天，竟會因此而接受到這麼多人的溫暖與愛。

這更證明了，當你知道你要的，說出你要的，擁有它，就是指日可待的事了。

你身體裡，是不是有兩隻蒼蠅在飛？

在我踏上靜心之路後，可以很清楚的體會到自己一天比一天輕鬆，一天比一天更加自在，也更加明白愛可以如此輕易、不費力的發生與流動。

首先，只要帶著覺知，把不爽、不舒服、不滿意等等負面心情化解掉，愛就自然而然的存在。

這種愛，有別於以往我們所認知的那種需要理由的愛。

看到自己靈魂的蛻變，也越來越接納自己的每一個面向之後，我也發現自己是這麼喜歡靜心。

奧修曾在書裡提到一個故事，很有趣，我很喜歡，也覺得這個故事很適合來描述當我開始靜心之後的發現。

奧修說，曾經有一對父母帶一個年輕人去見他。這個年輕人的父母已經帶他去見過各式各樣的醫生，也包括心理醫生，可是，這些醫生卻都對年輕人一點幫助也沒有。

年輕人一直都有個念頭，他說他睡覺時，因為嘴巴張開，所以有兩隻蒼蠅飛進了他的身體裡，在他身體裡轉來轉去，讓他一整天什麼事也做不了。

年輕人做過體檢，醫生都證明他的身體裡根本沒有蒼蠅。而且，就算他真的吞下了兩隻蒼蠅，身體裡也不可能像是有高速公路，讓蒼蠅可以飛到頭裡、胃裡、心臟裡，不停嗡嗡作響。可是，年輕人卻說他很清楚聽到蒼蠅在身體裡嗡嗡作響的聲音，這讓他無法放鬆，吃不下也睡不好。

當年輕人的父母告訴奧修整件事情的經過後，奧修對他們說：「你們完全錯了，他是對的。」奧修完全站在年輕人這邊，肯定他的感受。

年輕人第一次碰到有人支持他，他說：「你是第一個知道這種深刻事情的人。」並請奧修幫忙將那兩隻蒼蠅抓出來。

那時是冬天，奧修好不容易在其他地方找到了三隻蒼蠅，洗了乾淨，預先偷放在手裡。當年輕人說蒼蠅已經飛到他的喉嚨時，奧修要他張開嘴巴，然後假裝從他嘴裡將蒼蠅抓了出來後對他說：「你搞錯了，在你身體裡的不是兩隻蒼蠅，而是三隻。」之後，這個年輕人就不藥而癒了。

這個故事的年輕人，他身體內的蒼蠅正像是我們所感受到的痛苦。我們覺得生命苦短，透過各種方式去找醫生、找師父幫忙，甚至不斷要向別人證實我們的心裡真的很苦，而且苦的要死。

然而，世世代代的成道大師都說苦是虛幻的，其實萬物皆空，還說生活並沒有像我們所想像的那麼苦，但我們不會相信。

有幸遇到像奧修這樣逗趣的老師，會跟人們玩心智遊戲，既然你說你的痛苦是真的，那就來吧，我們一起來把痛苦、蒼蠅抓出來。

奧修聲稱，自己真正的工作就是幫人家抓痛苦蒼蠅。

事實上，苦真的不存在，它就像是那兩隻蒼蠅，之所以存在，是因為你相信它存在。既然這樣，與其反駁你，不如真當一回事，把它抓出來就好了。否認它的存在，解決不了問題。即使頭腦知道痛苦是虛幻的，也無法讓自己快樂起來。

在開始靜心之後，我才了解苦的虛假與不存在，也才明白過去追尋的日子就像抓蒼蠅，都是遊戲一場，都是虛妄的。

但是，苦又那麼真實。你越相信自己是苦的，你離幸福就越遠。

放下對苦的執著，你也就幸福了。

讓自己轉念的四個問題

拜倫．凱蒂的「轉念作業」（The Work）會讓人看見那個苦，正是來自於我們的念頭。

我第一次接觸到拜倫．凱蒂的轉念作業，是在喇哈夏的工作坊中。

拜倫．凱蒂也是一個平凡的婦人，結過兩次婚，有三個小孩。在長達十年的時間裡，她一直委靡不振，甚至因為意志消沉，而有兩年的時間足不出戶。她不僅曾沮喪絕望到無法下床梳洗，有一度，還曾想結束自己的生命。

後來，她被送到一個中途之家安置，那時她還因為憎恨自己，覺得自己不配睡在床上，而睡在地板上。

某天早晨，一隻蟑螂在她睡覺時爬過她的腳，當她睜開眼、醒過來的一剎那，她突然發現眼前的世界都是從腦子裡衍生出來的。當她相信那些想法時，這世界就會照她的想法呈現出來；當她不相信那些想法時，她就會看到不同的生命法則。

跟著，她就發現自己所有的憤怒、所有曾經困擾她的想法，全都不見了。

在她內在，好像有某個東西突然清醒了過來，它張開雙眼，透過她的眼睛往外看著周遭的世界，一切都美好極了，她浸淫在無限的喜悅之中，每件事物都活得那麼恰如其分，萬物彼此相融，沒有分裂。

在經過一段時間的沉澱後，她才能好好描述這段奇異的經歷，也漸漸摸索出一套方法，讓想要從困擾中解脫的人能自行應用這套方法，體驗到煩惱被化解時的自由與喜悅。

拜倫．凱蒂的「轉念作業」從四個問句開始，當你有個令你困擾不已的念頭時，你可以先將這個困擾寫下來，再開始做以下這四個問句：

一、這是真的嗎？
二、你確定這是真的嗎？
三、當你有這樣的想法時，你有怎樣的反應？
四、當你沒有這個想法時，你會是一個怎麼樣的人？

之後，就是「反轉思考」，把原本讓你困擾的那個念頭，譬如「我的男朋友不關心我」，改成「我的男朋友很關心我」或者「我不關心我的男朋友」等。

拜倫．凱蒂的四個問句，真的是非常簡單、卻力道十足的工具。

跟每個人一樣，我們都不喜歡被任何人批評，我也很不喜歡自己想到某個人時帶有任何負面的情緒。因為這個時候，我已經知道，我的痛苦都跟別人無關，都是我自己造成的。

在她的工作坊中，我的心結，就這麼一個一個被那四句問話給打敗，一個又一個的執念就此鬆綁了。

透過她的方法，我體驗到無論我們的念頭有多麼駭人，都是虛妄的，都不是事實，所有帶給我們痛苦的念頭都經不起那四個問句的檢驗。

拜倫．凱蒂有一本書的書名就叫《一念之轉》（*Loving What Is*），透過對負面念頭的質疑，我們會看到這些念頭是多麼站不住腳，一點都不真實。

拜倫・凱蒂總是說她是一個熱愛事實的人。所以，她不是要跟任何念頭爭辯，而只是單純想知道：「這是真的嗎？」然後，她就能平安的活在現實中。

從拜倫・凱蒂的工作坊回來之後，我便經常把她的方法應用在生活中，每一次，總是很快就讓我回到平安與和諧裡。

如何不再讓家裡上演八點檔劇情

我跟 Bob 認識至今，有過一次最大的角力，就是透過她的方法化解的。

那一次正好發生在我要去美國參加拜倫・凱蒂為期十天的工作坊之前。當我在規畫行程時，無意間發現工作坊結束三、四天之後，剛好能銜接上另一位大師托勒的課程。

我實在開心極了，覺得這麼棒的巧合，我一定要好好把握機會，因為他們都是我很喜歡的人。為了這個課程，我得在美國再多待個幾天。

當我跟 Bob 告假時，一開始他沒什麼反應，過了一會兒，他走出書房對我說：「你真的覺得自己一點責任都沒有嗎？孩子怎麼辦？」說完之後，停個幾秒，他看我除了看著他以外，當下並沒有其他任何想辯解的反應，於是，他轉身回書房去了。

這可是他對我說過最重的話了。通常，像這種狀況往往會這樣演變——雙方展開一場唇槍舌劍，把陳年瘡疤揪出來，互相刺激對方，或開始細數曾經不負責任的事跡——一場八點檔的連續劇就此展開。

當時，聽到他的話，我看到自己的內心升起了一把無明火，腦子裡冒出許多話頭，所有的怨言開始運作：「為什麼這樣講，你是覺得我沒有責任感嗎？你想去哪裡，我還不是沒有阻撓過，你以為你是誰呀？你想控制我，門都沒有。我去上課還不是為了這個家？去上課就表示沒有責任感？這跟責任感有什麼關係？你覺得我沒有責任感，好，你不想接送小孩，沒關係，我可以找別人去接……你他媽的，什麼東西！」

因為當時我正好要去上拜倫．凱蒂的工作坊，我馬上就用她的方法來問自己到底在火什麼：「他這句話，到底是惹到我什麼？是什麼念頭困住了我，讓我反彈？」

我讓自己靜心下來進入 Bob 的話中，體會他那句問話真正想表達的意思，還有我內在對他起了怎樣的批評。

安靜中，接下來冒出來的答案是：喔，他說這話是想要控制我，我之所以覺得很火大，是因為我不想受他控制。但是，他不應控制我，這是真的嗎？

我一問完，自己就大笑起來，因為天底下有哪個老公不想控制老婆呢？可是，一旦我帶著這樣的想法，認為他不應控制我的時候，我當然受苦了。因為就人性來說，做老公的人都會在有意無意中用某種方式控制老婆，老婆也都試圖要控制老公，不是嗎？當我所持的念頭、想法違反人性時，我當然受苦。要他不應該這樣想，怎麼可能？他只是跟全天下的老公有同樣的想法，何罪之有？

人類所受的苦，很多時候都是因為我們想改變別人，或者要別人按照我們要的理想方式來生活。這種違背現實的想法，便是一種幻相。事實是，很少人會被別人改變，一個人之所以會改，是因為他自己想改。

「他不應該想要掌控我。」我的這個念頭根本是自欺欺人，是虛妄的，是創造出來的，是不真實、不務實的。

頭腦很擅於分析，探究誰對誰錯，他錯在哪裡、對在哪裡，什麼是我能接受的，什麼是我不能接受的。頭腦也很容易開始對話，開始編造故事，以詮釋眼前的狀況，或者提取過去的經驗套到眼前的現實上，為眼前發生的事情添油加醋。

靜心，或像拜倫·凱蒂的方法，就是要讓頭腦暫停下來，不要胡思亂竄，停在當下，看看當下真正在發生什麼，看看腦子裡的聲音有多麼不合理。

當我們能夠定下來，不隨著頭腦那些聲音起舞，就會停止越想越氣的情形，接下來就能清楚看到幻相與現實之間的差異。

當我們接受對方本來的樣子，如實如是的接受現實，苦又怎麼可能繼續存在呢？

那些因為心裡不爽，衝口而出的話

事實，其實遠比我們的想像要慈悲多了。

當時，我只問自己一個問題，我的腦袋就整個停下來了。

當我搞定自己的情緒後（整個過程前後不超過五分鐘），就走進Bob的書房，態度平和、語氣輕柔的對他說：「爸爸，你是捨不得我離開你這麼久，還是真的認為我是一個沒有責任感的母親？」他看了看我，低頭繼續做他的事。我看他沒有想要回答我的樣子，就帶著勝利的微笑離開他的書房。

我知道，我說出了他心裡真正想說的話：他不希望我離開那麼久，在情感上他真的很依賴我。他為了我，付出太多心血，他真的希望我跟他一樣，把他放在最重要的位置上。

至於為人母這件事，他其實知道我對孩子的心是無可挑剔的。當下，他也搞不清楚情緒的發源處，反正這些話就是因為心裡不爽，衝口而出，希望我改變計畫的伎倆而已。

過了大概十來分鐘，他從書房走出來，對我說：「你要去美國的來回機票，我已經幫你訂好了，出機場時要接你的車子也安排好了，還有，我也幫你在飛機上訂了你最喜歡吃的羊排餐。」

整件事情不到三十分鐘，就圓滿落幕了。

我們不但沒有爭執，而且我們更看到彼此之間的疼惜。我謝謝他的包容，他也感謝我的成熟。

我學習來的方法，能夠在生活上為我帶來這樣大的禮物，我當然會不厭其煩的一而再、再而三的使用。

靜心久了，就越來越了解頭腦的習性，也知道要用對方法讓它趕快安靜下來。當頭腦又開始編故事，或是恐嚇、抱怨、訴苦時，就更需要靜心，或運用如拜倫·凱蒂的四個問句，去破掉這些虛構出來的幻相，不讓發狂的思緒阻礙我們活在當下，而是進入當下的愛、喜樂與平安中。

等下一回，頭腦又故技重施時，你就能說：哈哈哈，又來了。而且越善用這些方法，就會越發現生活是可以如此輕鬆自如，人與人之間的空間越來越大，親密關係中的自由度也越來越寬闊。

靜心，幫助我看清楚腦子裡的念頭，是否真的對我有幫助。我既然想活出愛、平安與快樂，那我就必須常常檢視腦子裡的想法是否真的能幫我達到我的期望？如果答案是否定的，很自然的，我就需要馬上用最有效的方法，把自己帶往另外的方向。

慢慢的，我學會把那些會帶給我困擾的念頭，一個一個帶往更健康、更身心平衡的另一端。

一路走來，我很感謝這些老師的提攜與幫助。我的生命可以健康起來，全是因為他們的灌溉。

謝謝所有聖者們，他們留下對人們有益的智慧，這都是他們在傷痛中找到的靈藥，今天我把藥喝下去，也見證了它的效益。

我，越來越健康，越來越接近我喜歡的樣子。

我一輩子沒見過那麼慈祥和藹的「老人」

奧修在講述女性成道者 Sahajo 的書裡，引用了 Sahajo 的詩作。Sahajo 寫詩歌頌她自己的師父，她說她可以拋棄神，卻不會背棄她的師父，因為神跟她的師父無法匹敵。神讓她誕生到這世上，但是讓她從生死輪迴中解脫的卻是她的師父。也是她的師父摧毀了二元世界對立的幻相，讓她清楚看到了神。

我很喜歡這篇詩作，我對老師們的感恩，就像這首詩描述的一樣。師父比神還偉大，因為神給了我這個生命，可是我仍然活在世俗的泥沼中，活在虛幻的深淵裡。是師父，讓我看到了生命（神）的偉大。沒有這些師父，生命就算給我再好的東西，我都不知感恩，也看不到。沒有這些師父的教導，很有可能，我今天仍然活在對神（生命）的抱怨中。

因此，我敬重所有傳達善知識的老師們，也敬重任何能幫助人們看到生命真善美的人。幫助我了悟到「神是什麼」的老師，正是印度合一大學的巴觀及阿瑪（Bhagavan and Amar）。我在合一大學，第一次明白了神是什麼，這是我在其他課程裡未曾體會到的。

二〇〇五年三月，喇哈夏去了一趟印度的合一大學。隨後，他來到台灣開課，在課堂上把合一大學的訊息帶給了學員。

我多年來一直持續在喇哈夏的課程中擔任即席翻譯，對於他在工作坊上講的東西，我都希望自己能夠親身體驗，我覺得只有這樣，才能傳達出最貼切的訊息。因此，我有了很棒的機緣，親炙目前世界上很重要的幾位靈性大師，為自己的生命帶來了很美妙的轉化。

出於對喇哈夏的信任，聽到他在課堂上提到印度的合一大學，我便請他幫我安排去那裡上課。這一去，就是二十一天。很美妙的二十一天。

印度合一大學在印度千奈（Chennai）附近的鄉下地方，那裡的生活非常單純，校園裡就是簡單的幾棟建築物：教室、宿舍跟用餐的地方，還有草地、藍天跟白雲。

去到那裡，平日手邊在忙的事情全都放下，別無他事可做，就是生活，以及面對自己。我很享受這樣單純的生活。每天就是吃飯、上課、睡覺。

上課也很簡單，就是看ＤＶＤ、接受合一祝福，或是去跟兩位老師一起靜心。我在合一大學時，沒有太大的心情起伏，一直都很平靜。

很可能是因為去合一大學之前，我已經透過成長團體、靜心課程，處理完很多情緒的糾葛與衝突，所以到了這裡後，對這裡的單純與寧靜更能領會。

就在這麼一個像是世外桃源的地方，我見到了合一大學的創辦人巴觀，我活到這個年紀，一輩子沒見過那麼慈顏善目的「老人家」。他就像聖誕老公公一樣，好像只要你讓他知道你的心願，一切就會實現。

後來我才知道，他居然比 Bob 還小兩歲。也許是他那把灰白相稱的鬍子像極了影星史恩康納萊，讓他看起來更顯穩重與年長。他，真的很可愛。

如果人有原罪，那就是分別心

巴觀給出了一個很重要的訊息，我們是神，神就是我們，巴觀是在幫助我們，也是在幫助神自己，幫助我們連結遺忘了的神性。這真的是一個很深也很重要的訊息：他是神，我是神，你，也是神。

神是什麼呢？當我小時候感到需要幫助時，我會說：老天爺，請幫幫我。這就是神，神就是這麼簡單。

但是，等我們逐漸長大之後，神是什麼，就相對變得複雜了起來。

然而，即使神對我們來說是這麼簡單，一直以來祂總是高高在上。小時候，媽媽會帶我去廟裡拜拜；幼稚園時，我讀的是天主教的幼稚園；後來，我也常參與教會的活動。神，對我來說，並不陌生。

當我到了合一大學，從我跟巴觀的互動及他的教導裡，我體悟到了「我也是神」這句話的含意。如果是過去的我，或許會覺得傲慢自大，但現在，我知道，那是因為當初我對神的種種想像與概念阻礙了我，是這個「不可能」的概念，拉開了我跟神的距離。

有一天，「我與神是分開的」這樣的概念，在我靜心中消失了。我感覺自己像是一滴水融入了大海，神就是那汪洋大海，而我是水，我是大海的一部分，我跟神沒有區分。水滴回家了，我也回家了。

以前到廟裡拜拜，菩薩是菩薩，我是我，我與祂是相對的。現在，我領悟到，我與祂是一體的，只是不同展現。所有的一切，都是神。我不需要再追尋了，一切都在，神在，我在。神是一切的主體，而我們只是思想、文化、習慣有所差異而已。

從小，我就對「分別心」格外敏感，因為我就是在人們的另眼相待下長大的，甚至還有人惡意的叫我「小雜種」，我知道當別人那樣看待我、分類我、議論我時，帶給我多麼大的痛苦。

但是，巴觀給了我最美的一句話：「如果人有原罪的話，那就是分別心。」這句話，給了我所有的答案。

這樣的訊息，消除了我一個最大、也往往最不敢面對的分別心：我與神的分別。

現在的我，能深刻領悟「我們是神」這樣的訊息，這不是傲慢自大，也不是在褻瀆神明，而是需要無比的謙遜與承擔才能接受這樣的訊息，才能體驗到這樣的訊息，才能活出這樣的訊息。

東方的哲學說：無我。我再問：沒了我之後，剩下什麼？

答案，就是「神」。除了「神」，什麼都沒有。巴觀告訴人們，我是神，你是神，每一個人都是神的展現，彼此之間的分別消失了，這就是所謂的Oneness——一的概念，我們是沒有分別的。

在我看到我是神的同時，我也看到你也是神。若心中懷著傲慢自大，就會冒出：我是神，你不是；我是對的，你是錯的。這都代表分別心在作祟。

分別心，是一個概念，當我們能放下這樣的概念，才能真正體會地球、宇宙、全人類、萬事萬物都是存在，都是神的一部分。

有了這樣的了悟，怎麼可能再褻瀆、殘害任何人？每個人、每件事物都是神，都是存在的顯化與展現。我們跟神的關係，就像是細胞與身體的關係，如果這個身體叫賴佩霞，那麼這個身體上的每個細胞也都是賴佩霞。

我們既然都是神身上的一個細胞，我們每個人也都是神。巴觀的訊息就是要我們從分別心中覺醒，從我們與神是分離的狀態中覺醒，從「我」與「非我」的概念中覺醒。

當我們能夠承認、願意承認自己與神沒有分別，我們才能認出自己的神性，才有可能開始去將內在的神性發展出來。

這是我們身為人類最大的臣服，能心平氣和的接受生命裡所有的發生，了解神比我自己還清楚我們的需要。神的意志，就是我的意志，神要什麼，就是我要的。存在要什麼，我就成全。

不管經歷什麼、遭遇什麼，都是神的恩賜，都是神的禮物。

愛已經將我填滿。這樣，哪裡還有「我」呢？我不在，我空掉了，一切就由神、由愛來運作及掌管。

我也沒有哪裡要去，沒有什麼境界要追尋的。把渙散的心帶回來，好好過日子，善待身邊周圍的人。活著，本身就是目的，就是分享，就是喜悅，就是服務，就是賺錢，就是禮物，就是恩典，就是愛人與被愛。

當我看到自己是神之後，會怎麼對待自己？我會傷害自己嗎？不可能。我會再用負面的念頭批判自己嗎？不可能。當我看到你也是神，我又怎麼會去責怪你，攻擊你？不可能。

當我們都明白彼此都是神，都是神的細胞，我們又怎麼可能彼此傷害。就像身體的細胞，必須彼此合作，才能讓細胞之間順利的輸送養分，才能讓整個身體更健康。這麼做，對彼此對整體都好，這樣神才會開心，不是嗎？當我們彼此相愛，就是愛神的表現，愛這整個存在，愛這個整體。

生命到了這個狀態，自然會忘了抱怨，也會忘了祈禱。當我與神合一了，每天就是張開眼看看世界發生什麼新鮮事，不再刻意祈禱什麼會發生，也感恩每一刻的發生。

一個人一旦開始靜心，與這個世界的關係就改變了。

在靜心的氛圍裡，人與人之間自然會呈現一種非常珍貴的氛圍，讓彼此的生命故事能在這樣的空間中流動，而不會只受限於對故事的看法與見解。

其實，只要單純的處在當下，寧靜、安詳，還有生命底蘊裡連結彼此的愛，自然就會開始運作，流動起來，把一切全都包括了進去。

通常，我們嘴裡說的愛，比較是屬於情緒上的層面。可能今天你讓我開心，我就好愛你，明天你因為某件事讓我傷心，我就開始恨你；今天你買了東西給我，我就覺得被愛；明天你沒把我放在心上，我就覺得彼此的關係開始疏離、瓦解。

這樣的愛，非常浮面，除非心靜了下來，否則很難跳脫這些陰晴不定的情緒、念頭及感覺，很難體會彼此之間更深刻的連結。

愛，需要我們對生命有更深的了解與認識才能觸及。

愛，不會因為對方的行為而隨意改變。

愛，是更大、更成熟、更寬廣的，既能無條件的接納對方，也能包容自己內在的狀況。

最終，愛是無為，是讓每個人都能做他自己，而自己也可以感受到很深的放鬆。

我以前以為我知道，但我其實什麼都搞不清楚

從印度回來之後，有很多人問我在那裡發生了什麼？我往往只能說，我眼睜睜的看著自己的 ego（小我）越來越小。

有個朋友，因為一個誤會，很多年來都對我很冷淡，但我有機會還是會去看她。有一回她打電話給我，我就很直接問她：「你到底在生我什麼氣？」

她就把她受傷的過程告訴我。當然，在她細數我所有不是時，我都可以想得出話來為自己辯護。可是，在那當下，我完全沒有想為自己辯護，我只看到了一個受傷的靈魂，想著我能為她做什麼，怎樣才能讓她釋放這樣的傷痛。

於是，我就對她說：「很抱歉，我真的很抱歉。」她回答：「對啊，你以前好像都說得頭頭是道，但是你當時說的話讓我很受傷。」

我說：「對不起，我以前以為我知道，但我其實什麼都搞不清楚。」

她聽了哭得更傷心。過了一會兒，她告訴我，其實那也不是我的錯。

在那個當下，我深深領悟到，如何去愛一個人。當我知道說什麼話會讓對方釋懷，會讓這個受傷的靈魂得到解脫，我為什麼不做或不說呢？為自己辯護，真的這麼重要嗎？如果說維護我的自尊心，只是讓她繼續卡在憤怒、悲傷或任何負面情緒中，有必要嗎？那真的是我要的嗎？

因為，我們都是一體的。有人發了脾氣，有人感到不舒服，就像是神的身體裡某個細胞長了膿包，而我們同在一個身體裡，當然會想要他趕快好起來，而不是任憑他爛得更嚴重。

因為，我們都是一體的。損人又不利己的事幹嘛要做呢？

當我靜心的時候，曾看到很多戰爭的畫面。因戰爭而造成的那些悲傷跟痛苦，好深好強烈。我一整個晚上都在為那些亡靈哭泣，不管是在中日戰爭，或是台灣的二二八，甚至是希特勒當年對猶太人的大屠殺。我深深體會到那些在戰爭之下死亡或存活下來的人所受的痛苦，我為人性的殘暴懺悔，為人性的冷酷懺悔，為人性的愚昧懺悔。

從小，我就常常祈禱世界上的人能夠和平相處。現在，我看著來到我眼前的人，滿心希望他能帶著滿滿的愛回去。如果對方有任何約束、障礙與痛苦，只要他願意，我都希望能一個一個把它們卸除下來。

你心裡又在上演自怨自艾的戲碼了嗎？

回想自己這一路走來，經歷了人生許多的蛻變。這樣的蛻變，不只是從過去的傷痛中獲得療癒。說實在的，現在，對於過往那些經歷，若不是刻意去回想，我幾乎都忘了。

雲淡風輕。

過去的記憶，不再是我的包袱，它們已轉化成生命的禮物，帶給今日的我寧靜、快樂、平安與祝福。我不再感到沉重的心理壓力，也不再讓重複的負面認知模式綑綁住我。即使有，也無妨，就是進入靜心的空間裡，讓浮上來的一切得到轉化，得到愛的接納與力量。現在，我是如此享受自己的生活，活在當下，體會眼前生命裡浩瀚的美。現在的我，很難再回到過去那樣的受苦狀態了。

還記得以前學畫畫時，有次我跟老師說，我有事等一下五點要走。等到快五點了，老師卻還沒來改我的畫。那時我心想，我好可憐，老師這麼不重視我，心裡開始彩排起來了：好，等一下五點一到，我一定拿了東西馬上走，老師看到後，可能會跟我道歉：不好意思，一直沒改到你的畫。這樣，我就可以很瀟灑的跟他說沒關係。才想著這樣的畫面沒多久，又換另一齣戲碼：但萬一他沒看到呢？或者他根本沒跟我道歉呢？好多款戲碼，在內心輪番上演著……

現在的我，不會再回到這樣自憐自艾的狀態了。現在，我會在靜心中看著頭腦製造一個又一個的對話，然後，欣賞或者接納，或者停下來。

我明白，我不是這些聲音，也不是這些起伏的情緒，更不需要被它們所牽動。

我永遠記得當年我走到生命谷底的絕望時刻，我是多麼希望自己的生命能重新來過。今天，生命給了我這個機會。

然而，回頭看自己的人生，細聽周遭朋友的故事，還有當我自己開始陪伴與支持別人之後，我發現，其實，人們最不想聽到的往往是自己真的很平安，生活其實沒有問題。

很多人經常說自己渴望幸福、安定的生活，但是仔細觀察後，往往會發現他們的日常言行舉止，其實大大違背了自己想要追求的目標。

許許多多的人，似乎都困在某種惡性循環裡，日復一日，永無止境。更慘的是，也不願意改變。

我真的很幸運，從王行、鄭玉英兩位老師所帶領的「返璞歸真」工作坊開始，一步步走上了所謂跟「自己」在一起的旅程。我開始抽絲剝繭，人生進入了完全不同的向度與蛻變。

我必須說，一次又一次血淋淋的揭露自己內在的陰影與黑暗，確實是需要相當大的勇氣，還有，對愛的強烈渴求。想從愛裡重新活出自己的生命，看見自己不自知的幻相，這樣的成長動力，是支持我一路走了過來的力量。

每一次勇敢真實的面對，在在讓我更加明白，在那痛楚的核心裡，其實蘊藏著至高的智慧與至善的情操。

說起來，沒有過往這些戲碼的痛苦糾葛，我又怎能窺見今日的寧靜，又如何得以提升意識，充滿感恩的活在這個有愛的人間天堂呢？

很多人之所以會不想聽到自己其實很平安，只是因為他們一直認同頭腦裡那些焦躁的聲音而不自知，少有機會練習走出它的桎梏。

人們常常誤以為平靜、平安，就意味著無聊、沒有成就感，並且一而再、再而三被那些使壞的念頭、過往的模式推動著，喜歡追求更高、更大的刺激強度。

參加許多成長團體，讓我內在的許多傷痛得到了療癒。走上靜心之道後，透過靜心所孕育出的覺察能力，幫助我偵測「我執」的起起伏伏，了解自己所受到的制約，化解習性的束縛，進而培養出新的習慣，讓至善的品質回到生命中。

我擁有了一把鑰匙，教我懂得分分秒秒透視生命的契機，也教我在身陷混亂時，越加能洞悉生命的珍貴與富足。

俄國文豪托爾斯泰在《安娜．卡列尼娜》的開場白是這麼說的：「幸福的家庭都是相似的，不幸的家庭各有各的不幸。」此刻，我感謝我所經歷的過去，讓我體驗了生命中幸與不幸的禮物。

現在，我能開懷喜悅的經歷每一天、每一刻，觀賞我執、小我創造出的精采人生。同時，我發現痛苦的存在，是為了要反覆提醒自己，切勿因自己身處天堂而忽視他人的痛苦；要敬重他人蛻變的神聖旅程。而一次又一次從內在揚起的衝突，也只是為了讓自己記得，別人是如何活在水深火熱之中，是要喚醒我更深的同理心與慈悲。

無論是面對外在世界，或是個人內心的成長，在靜心與愛中，一切都彰顯了生命的精采。真正的愛，能帶給人解脫，讓人了解自由的真諦。

在任何關係裡，一句惡意的話或使壞的字眼，最終還是會回到自己身上，為自己帶來不安及懊悔。因此，為了要自由遨遊於這世間，我們都需要多多體恤每個人身上的制約，化解彼此的綑綁，學習處在愛的狀態裡。

極樂世界並不遙遠，它就在愛的靜心中，不斷的自然展現。

第3部 用愛與世界連結

經營婚姻，在我看來就像是修行。

7 親愛的，放下輸贏吧 我與 Bob

在談到我現在的這段婚姻之前，我必須謝謝我的前夫。

過去那段婚姻，是成長，是經歷。如果，沒有那段經歷，獲得那樣的成長，我的驕縱、我的任性，都還是會在。但是，因為經過了那些起伏，我學會了更謙和與踏實，也讓我更珍惜現在的婚姻，更能堅定信心，不將過去的習性再帶進這個婚姻裡。

我想感謝我的前夫，陪我走過了這樣艱辛的成長歷程。

正如我之前所說，那段婚姻沒有不完美，凡走過的必留下痕跡。而且留下來的，是一條教導孩子通往幸福的成長軌跡。

前一段婚姻，在世俗看來，或許是生命中一個很大的挫敗。但也正因為如此，才「逼」著我不得不探入生命的底蘊，讓我看到自己不敢去看、甚至也看不到的陰暗部分。衝破了當初的黑暗，才得以將光明帶進今日的生命裡，在覺知的光照下，重新活了過來。

如今，我真正明白人生真的可以活出截然不同的品質，生命本來就如此美好。這一切領略，都是根源於過去那段婚姻。

為此，我也深深祝福我的前夫幸福、快樂。

懂了愛，生命就會活出品質

人們經常說：「相愛容易，相處難。」

這彷彿變成是一句至理名言了。一對戀人剛遇見彼此的時候，總是會迸出愛的火花，覺得兩人相處時無限美好，跟對方在一起，彷彿沐浴在陽光中。眼前的情人，怎麼看怎麼帥，怎麼看怎麼美，兩人相處快樂似神仙，有如漫步在雲端。

但時日一久，關係走調，那樣的光環消失了，愛褪色了，好像重新墜回平凡無奇的人間。柴米油鹽醬醋茶，生活裡的煩惱取代了種種甜蜜的回憶。

這是無數戀人的寫照，也曾是我的戀情經歷。

但是，在靜心之後，我學會將覺知帶進生活裡，也懂了愛不是像我過去所認知的那樣，會褪色、會消逝，甚至會令人恐懼、擔憂。

當我們以為愛是來自於別人的給予，愛是需要找到理想對象才會發生時，愛的確是會消失、會變質，是會令人痛苦、受傷。但是，當我靜心之後，我知道我們就是愛，生命就是愛，愛是由內在湧出，不假外求的。這樣的明白，讓我的生命活出了截然不同的品質。

奧修曾說：「只有當靜心發生的時候，愛才有可能發生……愛所呈現出來的樣子是關係，但它始於人深沉的單獨。愛在關係的互動中表達它自己，但愛的根源不在關係裡，愛的根源是靜心。當你在單獨中感到無比的快樂，也就是說，當你一點都不需要別人時，你才有愛的能力。假若你對別人有需求，你只能剝削、操縱、控制，你無法愛。」

靜心，會不斷把我們自己帶回到自己身上，去看見自己的真相，不斷去面對自己內在的狀況。

這看來像是必須單獨進行的事，其實，反而是讓自己更加擴大，將別人包含了進來的途徑。當我們越能明白自己身上所受到的制約與痛苦，就越能理解別人也是一樣在受煎熬；當我們越能悅納自己，就越能悅納別人，越能體恤對方的制約，去除彼此的綑綁。這麼做，不是為了刻意取悅對方，而只是想讓自己處在愛的狀態裡，被愛溶解，被自由滋養。

我很感謝有 Bob 來到我的生命裡，一同體驗這愛的擴大與分享，讓我這個曾經在婚姻裡挫敗的女人，再度願意走進婚姻，有機會從愛出發，活出生命的深度。

遇見 Bob，真是美好到讓我會從夢中笑醒。至今，即使我們已經認識了十多年，每次想到他，我仍是滿心甜蜜。

兩個靈魂的機上情緣

與 Bob 的相遇，彷彿是命中注定的。

我原本預定好從洛杉磯飛往台北的行程，臨時往後延了一天；而原本坐頭等艙的他，卻陰錯陽差改到商務艙。那時，我坐在靠窗位置看報紙，他像個大男孩般哼著歌、吹著口哨，一路走到我旁邊的位子。我感受到身邊這個男人帶著陽光、開朗的氣質。

放好行李，Bob 坐了下來，向我借報紙。聽到他厚實的嗓音，我轉頭看著他說了一聲：「你的聲音很好聽。」就這樣，一句充滿正向能量的語言，開啟了我們親密關係的良緣。我們就此聊了開來。我們都喜歡看電影，有好多話題可以聊。那時我才離婚半年多，心裡總有些徬徨及不安全感，正面臨新工作的棘手，也不知該如何處理大女兒與前夫之間的關係。聊著聊著，談起對女兒的愧疚，傷心處，還不禁潸然淚下。而這個男人，從卡其褲後面的口袋裡掏出一條手帕，遞給我拭淚。

每次跟朋友提起這一段，大家都說這場景也太瓊瑤了點。老實說，我自己也這麼覺得，因為後來下了飛機，等行李時他就站在旁邊。看見我的行李來了，正準備伸手去取時，沒想到他卻說，那是他的行李——原來我們用的，居然還是同一款的黑色行李箱。

後來，他說他記得那時候我穿的是黑色毛衣，在機場外，還有男生等著我接機。他告訴我，當他在機場看著我離開的背影時，就覺得他要好好照顧我，即便只是當個普通朋友，他也希望能幫助我重新站起來。

他在家排行老么，沒有弟弟妹妹，他覺得自己可以像照顧妹妹那樣照顧我。我們之間的開始，就像兄妹一樣，他總是給予我最大的支持，也讓我感到很強很深的溫暖。

還好，我沒有陷入憤怒的遊戲模式中

跟 Bob 交往沒多久，有一個事件讓我印象非常深刻。

這件事，讓我清清楚楚的意識到，如果我不夠覺知，就會不自覺的延續前一段婚姻裡的相處模式，將過往的經驗投射到現在。那不僅會造成誤會，也對眼前這個人很不公平。

那時候，我住在天母，Bob 打電話來說他正要去開會，等會兒過來找我一起吃晚飯。他打電話來的時候，大約下午一兩點左右，我一直等，等到晚上九點多，才又接到他的電話說他現在要過來了。

我好生氣，想說之前明明說等會兒就要來找我，為什麼過了這麼久才打電話來，於是對他說，你不用過來了，接著就把電話掛掉。

一件小事，就引發我這麼大的憤怒，為什麼？

當我對他說你不用過來、還把電話掛掉時，其實我心裡知道他還是會過來找我。所以，我接下來就想，那我要馬上出門，讓他找不到我，讓他著急。

一段男女之間的感情衝突戲，就要上演了。

但是，還好，事情沒有這樣發展下去。我坐下來，嘗試看著自己的憤怒，讓自己平靜下來。我知道，即使我出門去了，我也不會安心，我的心還是會掛在這裡，因為我在乎他。而我硬要出門的原因，只是想要讓他更著急，罪惡感更強，讓他更不好受。

於是，我問自己：在這份關係裡，我是真的想要他更著急、更操心、無法放鬆嗎？這真的是我想要的結果嗎？

我沉澱了好一會兒，誠實的回答自己：「不是的，我內心最終的渴望其實是想要能跟他更靠近，跟他連結更深。」這時，我才看到既然我內心是這樣渴望與他的感情更好，那為何我的目的跟方法，卻如此背道而馳呢？

於是，我哪裡都沒有去，就在家裡等到他。

這個事件讓我看到，他只是第一次讓我等候，我的憤怒卻這麼強烈。這樣的憤怒，純粹是因為他隔了很久才給我電話，讓我等很久嗎？

不是的。我的憤怒會這樣強烈，其實不是真的為了「新仇」，而是因為「舊恨」。在前一段婚姻中，類似的情形層出不窮，我經常處於一種等不到人的狀態。一次又一次，被爽約、被忽略，我的憤怒，從沒得到好好的紓解及療癒。而Bob不經意的，將所有那些累積的憤怒整個挑了起來。我厭惡，而且不願意重複那段不堪的生活方式。

可是，那畢竟是前一段婚姻累積的憤怒啊。透過靜心，我清晰的看到這一點：過去的已經過去了，眼前是一個不同的人，我不能用以前的評價來論斷這個人，如果我真的想要好好重新開始，想要從愛裡重新活出自己的生命，我得對自己的內在更有覺知。

聽見自己內心真正的聲音，讓我沒有陷入憤怒的遊戲模式裡。所以，當他來找我時，我才能將自己的想法與心情，心平氣和的告訴他。我跟他分享我內在的起伏，學習平和的跟他表達不舒服的感受，讓他知道在前一段婚姻裡，我一直處於等待的狀態，而我不希望再過那樣的生活，所以，以後如果再有類似的情形，希望他至少能先打通電話讓我知道。

Bob的反應也很有意思。他說，他記得前一天才跟我說，要讓我快快樂樂過日子，沒想到隔天，卻在無心之中，造成我這樣不愉快的反應。

在我們的互動裡，我一點也不隱藏自己過往的傷痛。我讓他明白我在過往婚姻裡經歷過的事，有哪些是我一點也不想再經歷，而且是我渴望療癒的部分。很棒的是，他真的聽進去了，他能了解，也不再這麼做，他真的是個很貼心的男人。

我們兩個，都不是第一次走進婚姻、走入親密關係裡。過往在諸多摩擦、碰撞中受到的傷，讓我們在這次相遇中，都懂得更加尊重對方、珍惜彼此、不魯莽，我們希望能更有智慧，再次學習如何去愛人、愛自己。

被愛與愛人是這麼美，這麼重要的事情。在愛人的過程中，我們會發現原來自己竟有這樣的能力，有這樣大的包容力，原來自己可以有這麼多、這麼大的愛心。這樣的付出，總會折返回來，讓我們自己的生命更豐富。

這對生命的完整是很重要的，如果我們一生都沒有真正的愛過人，那真是最大的缺憾，因為這麼一來，我們就看不到自己有愛人的能力了。

也正是在愛中，我們過往的傷痛才有機會得到療癒。

從 Bob 身上，看見美好人生的榜樣

Bob 來自一個充滿了愛的家庭。他的父母親都來自大陸，母親比父親大一歲，當年他們帶著四個小孩來台灣度假，卻因為大陸政權輪替，時局丕變，便陰錯陽差留在台灣，那時最小的孩子 Bob 才一歲多。

Bob 的父母親一生都十分相愛。九十高齡的母親，每天與父親朝夕相伴，談笑風生。母親很年輕時在大陸因病截肢，有一隻腿裝著義肢。Bob 的父親是非常盡忠職守的主管，對屬下非常照顧，家裡經常高朋滿座。

每一次請客，Bob 的母親都會親自上菜市場，準備滿桌菜餚。有一回，哥哥陪著母親去買菜，媽媽在菜市場跌了一跤。回家之後，哥哥把經過說給弟弟妹妹聽，四個小孩就因心疼母親，抱在一起痛哭。

Bob 印象中小時候的畫面，就是四個小孩在餐桌上做功課，媽媽在旁邊縫衣服。兄弟姊妹之間非常友愛，也很孝順父母親，任何事要是母親一掉淚，四個小孩就無法承受，所以他們一直都是父母親心中很乖巧聽話的孩子。

長大後，一家人仍維持著緊密的關係，不論父母親搬到哪裡居住，哥哥跟姊姊都會搬到爸媽家附近大約三、五分鐘的距離，甚至幾乎每天中餐及晚餐都會到爸媽家一起陪他們吃飯。

我認識 Bob 之後，看見這個家庭裡父慈子孝、兄友弟恭的情形，家人之間那樣互相尊重與照顧，感到非常不可思議。這也不得不讓我覺得，一個人跟原生家庭之間的關係，是會反映到他自己所組成的家庭裡。

很多人對擁有幸福家庭都有強烈渴望，但經過了之前的婚姻，我更了解榜樣的重要性。幸福並不是你要就有，這其中有太多的學問需要見習。

Bob 對女性非常照顧體貼，十分懂得尊重與包容，我想，這應該跟他與母親有很好的親子關係有關。在這樣充滿了愛的家庭環境中長大，Bob 又是老么，功課又好，更是集眾人寵愛於一身。聽說他小時候上學，哥哥背著他，一個姊姊幫他拿書包，另一個姊姊幫他拿便當。

可以想見，這麼備受寵愛的天之驕子，應該有很多愛要分享出去，我很幸運，成了接收這些愛的人。

要讓另一半不舒服，是件很容易的事

在親密關係中，要讓對方不舒服，是一件很容易的事，只要故意做一些對方不希望你做的事，彼此的關係就會陷入緊張，甚至痛苦。

從一件小事，就可以看出 Bob 對女性的尊重與在乎。我們在一起十多年了，我們家的馬桶蓋從來沒有掀起來過。

Bob 說有一回，他在電視上看到談話性節目裡有位女性來賓提到，她很痛恨男生上廁所後不把馬桶蓋放回去。之後，他就一直把這件事記在心上，所以他每次上完廁所，一定把馬桶蓋放下來。

Bob 在生活上種種細心、周密、貼心的舉動與考量，帶給了我很深的療癒，不只是前一段婚姻滯留不去的痛苦，甚至是生命裡父親缺席的遺憾。

Bob 自己的事業很成功，工作非常忙碌，但是他每天都會打好幾通電話給我。以前他因為公司業務的關係，一天到晚在國外飛來飛去，幾乎可以說每個月就飛全球一趟，到世界各地開會。但是，無論他人在哪裡，他總是會算好時差，每天在早上九點鐘一定打電話給我，跟我說早安，叫我起床。

有一回，有個朋友在大陸的公司要找人負責公關方面的工作，想找我去幫忙。Bob 聽我說這件事之後，第一個反應是：那我所有的公司據點都要因此改變。他完全沒有任何阻止的意思。我真沒想過一個男人的思考模式會是這樣，可以如此「不愛江山愛美人」。雖然我後來選擇不去大陸，但他的思維令我對他更加尊敬。

我看過不少能把家庭照顧得很好的男人，不僅什麼家事都會做，也做得很好，然而很難兩全其美的是，他們在事業上不見得有很好的發展。

更多時候，我們看到的男人是另外一個極端，事業發展得很好，但在家裡幾乎什麼都不做，而且無法細膩的體貼家人。Bob 是很難得的男人，不但事業做得很好，也把家裡人照顧得很好。

Bob 幾乎什麼家事都會做，也什麼事都做，我們週末在家裡用餐，幾乎都是他下廚。Bob 喜歡逛街，喜歡買東西，家裡的東西，小到如零食、衣服，都是他在買，他非常用心的把家裡打理得很好。我們都很清楚的感受到他把心思放在我們身上，他在家裡的角色猶如我們的太陽，只要有他在家裡，小孩子都很開心，總是充滿了笑聲。他讓我看到，一個人是如何可以不需要任何舞台，就可以活得那麼怡然自得、自尊自重，而且發光發熱。

讓對方快樂，比自己的輸贏重要多了

我跟 Bob 相處這麼多年來，幾乎沒有發生過衝突，一個很重要的相處之道在於一旦有情緒，我們都會盡快處理。

一有負面情緒，我一定會先處理好自己的情緒。這樣，在面對事情時，才有可能處之泰然，以沒有壓力、沒有指責的方式，把自己的立場說清楚。

我跟 Bob 兩人的自尊都很強，所以我們都知道，彼此說話要小心點，或者要跟對方說一些比較敏感的話題時，一定要在心平氣和的狀態下才討論。

通常人們都會忽視自己的情緒，或者是壓抑情緒，但情緒不會這樣就不見，一旦累積得越來越多，到時候說出來的話往往都很難聽，也容易引起更大的衝突。

一旦我們了解，自己只是想把事情說清楚講明白，而不是要傷害對方時，就要警覺有很多話是不能脫口而出的。我們需要學習看清楚自己的行為舉止。一旦說出了難聽的話，不但達不到交流的目的，反而岔題而造成更多不必要的衝突。

尤其是某些問題可能觸及到敏感的自尊心，更要特別留意。我們彼此身上都有一些不能碰的點，一碰就會像踩到地雷一樣爆炸。除非你不想繼續這段關係，否則我們就要好好覺知從自己口中說出的話，千萬不要惡言相向，不要去戳對方的痛處，這是我們都需要學習及謹守的分寸。

然而，這卻大大違背人性中急切想要報復的渴望。人一旦受傷就會本能的想反擊，而通常也只有在敗局中扳回一城，才能讓人平息心中的怒火。

重點來了，碰到問題，溝通不能魯莽。而且，一定要說清楚。要做到這點，除了愛之外，還需要很大的尊重。很多人只談愛，但沒有尊重是沒有用的。在一段關係中，愛與尊重一樣重要。你說你很愛一個人，可是卻沒有尊重對方，這是說不通的。

有親密關係的雙方，往往都知道要如何操控對方，說些什麼話就能讓對方不舒服，有些時候還會故意挑一些難聽的話講；而之所以要說出那些讓對方生氣、受傷的話，往往是因為自己的小我受傷，太在乎自尊心受創。

一旦靜下心來，其實我們都知道對錯、輸贏並不是一段關係中最重要的。對一份重要的關係來說，讓對方快樂，要比自己的輸贏重要多了。

如果我們希望看到對方喜悅的靈魂，想看對方快快樂樂、開開心心的樣子，如果我們知道自己在這當中扮演的角色有多重要，又為何要濫用呢？我們不都是希望彼此的關係能往好的方向發展，讓這段關係能滋養彼此，充滿愛嗎？所以，請記得把對方放在你的心上，好好敬重他。甚至，也要記得把這份敬重延伸到對方的家人身上。這一點非常重要，這也要從自己先做起。

夫妻之間，如果有一方數落自己的父母親或家人，另一方請按捺住，千萬不要加油添醋。否則，有一天發生不愉快的時候，很容易聽到對方指控你不尊重他的父母或家人，反之亦然。這種情形往往會讓整個戰火蔓延與擴大，難以收拾。別忘了，星星之火足以燎原。

如果說不出好話，不如什麼都別說。

千萬不要以為你只是隨意附和。說出口的話，一定會針對你回來。這是我花了很大的代價才學到的一課，切記，切記！

因此，在平時的日常生活中，請練習對彼此的尊重。這樣，有朝一日若遇到意見不合，才能有愛跟尊重做為基礎。

金錢不只是金錢，也是兩人之間的信任與價值觀

夫妻之間，錢不只是錢，還包括了兩人之間的信任與價值觀。

我的生活其實很單純，我也不懂得怎麼處理金錢，以前賺了錢就是交給媽媽，現在大都是交給專業人士去管理。我在生活裡唯一要負擔的支出，就是兩個小孩。

在 Bob 進入我的生命以後，他很自然的覺得他要擔負起養育的責任，照顧我們，他覺得這是他的事，我也覺得自己就像是放下了肩頭上的重擔。一旦家庭經濟無虞，我就不用再

拚命賺錢了，於是，我開始淡出演藝圈，並且決定讓自己單純扮演家庭主婦的角色，多花時間陪小孩、陪先生，讓自己放鬆下來。

說來有趣，剛開始這樣過日子，對我來說其實滿困難的。我花了很多時間說服自己今後不需要再汲汲營營、擔心害怕了，應當好好放鬆，拿老公給我的錢好好生活就好。大約過了兩、三年的時間，我才逐漸習慣這樣的生活。

我們家最大的花費是教育及旅行，對於怎麼花錢，我跟 Bob 的價值觀很接近，我們都會用有品質的東西，重視居住環境、買安全性高的車子，卻不會無意義的追逐昂貴的名牌或奢華的生活。

Bob 是工程師出身，生活上非常節儉。這幾年來，我常去大陸授課，看到很多人從一無所有到擁有家財萬貫，卻一點都不開心。很多人以為金錢可以為人帶來更多的快樂和豐富，其實不然，金錢往往只會擴大我們目前的狀態。很少人的心靈品質真的會因為有錢而改變，而且金錢的功能也不在讓人蛻變。

此話怎講？很多夫妻，表面上看起來是因為錢起衝突，以為有了錢就會沒事，但兩人之間的間隙反而在有了錢後擴大，加快了離異的腳步。錢，會讓夫妻的不和諧擴大，讓隱藏的問題顯現出來。

金錢既然能讓人擁有更多物質，而物欲的滿足也確實能讓人開心，又哪來那些讓人不快樂的元素呢？一開始，人們只是為了想藉著物質來滿足心靈，為什麼又適得其反呢？

這時只有看得夠透徹，才有化解的可能。對心靈世界來說，金錢只會放大你現在的心理狀態。錢會使驕傲的人更驕傲，猜疑的人更猜疑，寂寞的人更寂寞，花心的人更花心，善良的人更善良，勤奮的人更勤奮，有品味的人更有品味，有愛心的人更有愛心，懂得尊重別人的人更受人敬重。

換句話說，金錢只會讓你更像你自己，更擴大你現在的樣子。這其中的危險，似乎從來沒有人警告過我們。我們以為金錢能讓人的心靈突變，從沮喪變快樂，從憤世嫉俗變慈悲為懷，其實這是人們對金錢很大的誤解。

想發財之前，最好先想想是否喜歡現在自己的樣子？如果喜歡，有了錢，你將會更喜歡自己；如果不喜歡，有了錢，你將會更討厭自己。

你，真的準備好要發財了嗎？

每一道端上來的菜，都要先給長輩品嘗

比起前一段婚姻，我感覺現在的自己在婚姻裡更謙卑，也更踏實了。

譬如，過去對前夫，我會認為他照顧孩子是理所當然的事，如果他沒做好，我就會挑

剔。現在，因為懂得珍惜，所以當 Bob 多為孩子做些什麼，我就會很感激。而當我越感激他，他就做得更多，對孩子更好。

感激對方，會讓對方感到自己被看見、被尊重、被接受，自然而然，也會想要付出更多，這是一個美好的循環。

因為我自己的體驗，我反省到，很多父母對兒女的付出，並沒有受到這樣的感恩與珍惜，沒有享受到這樣的成就感，這是很可惜的。

在 Bob 自己的家庭教育裡，就非常注重對父母的感激。在他們家，每道菜一上桌，一定都是先舀給父母吃，這跟現在很多家庭截然不同。在外面餐廳吃飯時，經常會看到很多家長都是先將菜舀給小孩，幫小孩盛飯，一切以孩子為重，就像母親當年對我的呵護一樣。可是在 Bob 家，卻透過這樣的小習慣，讓子女明白，東西要給父母親優先享用。

我們常會批評現在的孩子不孝順、不關心父母，但其實是我們在孩子小時候，就沒有在日常生活中教孩子如何尊敬父母。我們因為過於疼愛，不禁把小孩放在第一位，而沒想到我們希望將來小孩怎麼對待父母與長輩，就要從小教起。孩子可能會嘴巴上說我愛父母親，可是實際作為上卻做不出來。

我開始檢視自己的行為，免得因為太寵愛孩子，而忽略了教養的重要。我不希望到了晚年，才感嘆子女沒把自己放在心上。

這一點，如果不是 Bob 提醒，很可能我也會變成小孩第一，而忘掉自己。

夫妻之間，哪能計較對錯？

這些年來，對 Bob 的愛越來越深。

一開始，我們互相吸引，裡頭有很多浪漫的激情，也有很多務實的感謝。以前我們想，我們如此相愛、珍愛彼此，這種愛的深度，應該是很難再超越，沒想到，我們之間的情感還在繼續深化中。

我看到的是他的靈魂，我對他的靈魂本質非常讚嘆，讚嘆的程度越來越深，越來越濃。我心裡非常敬重我的丈夫。這個世界到處充斥著抱怨另一半的人，有幾個人心裡是敬重自己的戀人、情人、丈夫的？

我覺得這一點是我最大的福氣。

既然我們愛上某個人的時候，會忘記自己，會完全投入對方的世界，感覺兩個人是一體的，是合而為一的，那我們就更應該慎選將來要跟自己合體的，是一個什麼樣品質的人。

很多女人在感情生活中，經常會與另一半的感情糾結不清，糾結之深，會深到你的痛就是我的痛那般難分彼此。

她們與另一半在生命上、在靈魂上的交融也有如一體，只不過，痛苦的交融是屬於黑暗的那一面。

人都有陽光面與陰暗面，在我遇到 Bob 的時候，已經學會面對陰暗，而且逐漸踏出黑暗。當時的我，已經做好準備，要為自己跟孩子的陽光心靈努力。Bob 的出現，完全符合了我當時的期待。

他本來就是來自一個兄友弟恭、幸福洋溢的家庭，對生命抱持著開放的態度。我們之間的交融，就是以這樣的藍圖為基礎。因此，我們也都希望這份關係能更加照亮對方，讓彼此更加明亮。

我們很用心的經營生活中的每一天，希望藉由彼此的支持，過更好的日子。

我不愉快時，他會以陽光面來支持我，而我也是這麼對他。縱使生活裡難免會有不愉快的時候，面對這樣的情境，我們會更慎選建設性的語句來溝通。常常就這樣講個兩三句話，不愉快就完全消融了。

交往時，他也會展現他老么天之驕子那一面的個性，而我也都盡量順著他；我從他身上感受到的優點，不見得別人也會感受得到。尤其是他對我的耐心、對我的包容，絕對也是他的一種挑戰。有很多時候，面對我，他當然也會有掙扎。然而，他在性格調整上所做的種種努力，在我眼裡看來不但覺得分外窩心，而且深懷感激。

人與人之間互相對待、信任、支持的方式，是改變一個人生命面貌的基礎。我面對他的方式，就是不吝嗇的給予讚美。幾乎每天，我都會表示對他的欣賞，常常提醒他說：「你真的很帥！」同時，也常常感謝他對這個家的付出與貢獻。

他也毫不吝嗇的經常指出我的優點，說他總是從我身上看到驚喜，看到奇蹟，以及欣賞我在工作上的表現等等。

這個家就是在這樣的氛圍中茁壯。

很多夫妻相處，到後來只見平凡，而不見平凡中的不平凡。平凡常讓人想到無趣。本來就沒有任何人希望過一個無趣的生活。

想要過有趣、不平凡的生活，就必須要回到自己身上，開發內心的善意，同時細細經營。換句話說，我們自己就是愛的化身，這個愛只是被重重的抱怨給遮蔽了而已。

不凡生活的所有條件，在我們的生活裡早已具足。不平凡，需要用心去體會與滋養。如果一味的想用挑剔來激發對方，小心激出來的是更多的憤怒，而非你要的幸福。

幸福的追求，必須放下對與錯的執著。常常夫妻間為了好勝爭強，卻彼此誤了一生。夫妻間哪能計較誰對誰錯？幸福的培養是一種修練，絕對是需要放下自己的身段，而且毫無委屈可言。

親密關係的經營，絕對不能像買賣一樣，用頭腦來計算誰付出得多，誰付出得少。這樣的思維，小心只會讓人陷入更大的戰鬥陷阱。然而，人們對自尊心的維護，則是出於人類頭腦的習性，要改變它的機制，確實得下一番功夫。

其實，在我看來，幸福婚姻的經營更像是修行。學習用心相處，讓彼此看到對方更多的優點，欣賞對方靈魂本質的美，而最重要的是，你要更喜歡你自己。

誰沒有過去，誰沒有難言之隱？

在我身邊的人，總是很容易聽到我對 Bob 的稱讚。不時就會有人問我：「Bob 到底是真的那麼好，還是被你講得那麼好？」或者更犀利一點的，甚至會單刀直入的問：「既然他這麼好，為什麼還會跟前妻離婚？」

對於前一個問題，我當然會覺得他真的就是那麼好。

對於後面這個問題，我的回答只能簡短的濃縮成：「Bob 年輕時曾有過婚外情，而這件事情對他的婚姻產生了很大的影響。」

以我自己的經歷來說，我了解，婚姻一旦有了出軌紀錄，要修復真的非常困難。除非兩個人都很成熟，否則要從裂痕中走出來，談何容易。如果沒有很大的包容，婚外情的「前科」，可能就會像個不定時的炸彈隨時引爆。

就像我前面所說的，如果為了維護婚姻的價值，能前嫌盡釋，把危機當轉機，而且雙方都有強烈意願重新經營，那會是最美的轉化與蛻變。

對於 Bob 的過去，我們談的不多，他想講，我就聽，他無法說出口的，那就留在他自己心底。

誰沒有過去，誰沒有難言之隱？

我們都需要彼此尊重與信任，讓彼此有空間、時間去面對、接納及轉化這一生一路走來的起起伏伏。

我跟他，一個是因先生有外遇而離婚，重新開始第二春的女人；一個是因為婚外情而離婚，重新開始第二春的男人。

我們都給了彼此第二次機會。因此，我們對彼此也更加珍惜。

他的過去，我沒有參與。當他來到我面前時，過去所有的一切都已經發生了。我愛的他，是眼前這個風度翩翩的男人，是一個勤勞正直的男人，是一個很有榮譽心、友愛兄姊、孝順父母的男人，是一個熱愛生命、關懷別人的男人，是家裡的老么，是兩個孩子的爸爸，也是曾讓別的女人痛苦的男人。

我不可能將他和過往發生過的事情切割開來，我愛他，意味著我也同樣愛他的所有一切。

這第二次機會，不再像第一次機會那樣單純無知。我們的心裡都帶著過往的傷痕，有痛苦和快樂的回憶。我愛他，意味著我也同樣愛那些傷痕，愛所有他經歷過的痛苦和快樂的回憶，也愛他所有的榮耀與愧疚。

往事即使如迷霧，也羈絆不住我們在當下要活出幸福的腳步。而今日的幸福，也正是建立在以往歲月帶給我們的那些學習與智慧。

我們對過去那一段，都有無限的感恩，也有很深的懺悔。那都是我們各自生命中最重要、也最完美的因緣，它給予我們無比珍貴、深刻的生命體會與轉變，才讓我們能來到人生的這個階段。

心裡兩匹狼，你最常餵養哪一匹？

Bob的女兒結婚時，我們一起飛到洛杉磯。他準備參加這場婚禮，而我則是去探視他的父親（當時正好住院）跟母親。

那場婚禮我沒有受邀。說我不失望，是騙人的。我可以聽得到內心裡刺耳的聲音，那聲音是來自古老的回憶啊。

「好，你不邀我，沒關係，我也不稀罕。」

我心裡的痛，當然與婚禮無關。有很多年時間，我已經沒有這麼強烈的感受到這個聲音的存在了。那是我從出生以來的夢魘，被人拒於門外、被人忽視、被人排斥的憤怒。

我再次看到受傷的自尊心開始蠢蠢欲動，開始想要作祟，開始想要找個人來冒犯。這次事件，勾起我心裡底層的疤痕，給了我一個新的機會，再次去撫平、療癒、認識、穿越這道深深的疤痕。

我就是聽著它，給它空間，將我現在所有的耐心與愛送給這個內在小孩。

我跟 Bob 一直沒有直接談過這件事，因為我知道他的為難。與前妻離婚後，他們幾乎沒有再碰面，而且雙方家人也不是很愉快。我的出席不是祝福，反而會讓事情更複雜。因此，我們都心知肚明，我的缺席反而是送給婚禮一個更大、更美、更實際的祝福。雖然我非常愛他的兩個小孩，但是我也知道在這樣的場合中，識大體更加重要。

話雖如此，我的心裡還是有兩種不同的聲音在拚鬥。一個是豁達、同理；一個是受傷、負氣。我已經好久沒有聽到我心裡那個負氣的小女孩發飆了。我非常小心的觀察她，保持著覺知。

我記得有個我很喜歡的故事，它是這樣說的：

爺爺告訴孫子：「我們心裡住著兩匹狼，一匹是兇惡的狼，一匹是善良的狼。」

孫子問：「哪一匹的力量比較大？」

爺爺說：「當然是你經常餵的那一匹。」

是的，平常我很自然的會不斷餵養那一匹善良的狼，但我也可以看到另一匹狼如果不看管好，隨時有可能出洞咬人。

就在婚禮預演前，Bob 的姊姊打電話來，安排到醫院探視父親的事情。當時，我正好站在他後面，他接起電話跟姊姊交談，說著說著，他答應姊姊說：「好，我會帶寧寧去。」「帶寧寧去」？他話一出口，就發現自己的口誤，但一切都已經太遲了。我相信他當時轉身看到的，是一張從來沒看過的面孔。

他要帶去的人是我，卻脫口說是寧寧——他前妻的小名。

我看著他，眼神充滿殺氣。我可以感到自己內在一把無明火正熊熊燃起，而且正朝著眼前這個無辜的男人噴火。

Bob 急忙掛掉電話，慌張焦急的趕緊對我說：「對不起，我不知道為什麼會這樣，我也不知道為什麼。婚禮的事情讓我煩躁不已，你告訴我，我能夠做什麼讓你不要生氣？」

我知道我從來沒有用過那樣的眼神狠狠盯著他，我想，當時他一定嚇到了。

我可以清楚的感受到，我內在那把火燒得有多大，我很清楚，這是個口誤，沒什麼大不了，但是它又挑起了我內在好強的自尊心：「好，你不要我，我也不屑。」

那聲音好清楚好清楚。那是來自於我小時候，對那個遺棄我的父親所發出的怒吼。一直以來，我就是因此而產生好強的自尊心，我不允許任何人對我有任何言語上的詆毀或嫌棄。過去，只要我的男友對我有一絲嫌棄，我一定立刻走人。我的初戀男友就是因為對我說「你煩不煩啊」，我就再也不跟他聯絡，再也不理他了。

我對前夫的出軌難以釋懷，也是因為這觸及到我同樣的痛：「好，你不要我，我不稀罕，我才不要你呢！」

好，現在，不僅不邀請我，甚至，還把我的名字叫錯。

如果有機會在生氣時保持覺知，請仔細聽聽自己腦子裡冒出來的聲音，真的會讓人怵目驚心。憤怒時，我們會把之前一切的美好事物通通粉碎掉，這是人性中自我保護的機制。因為，當自尊心嚴重受挫時，會磨損掉人的生存意識。生氣，最起碼是有生命力的表現。

我可以感到我內在的火燒得那麼旺盛，我的腦子正跑著好多好多跟這股憤怒有關的情緒跟話語。

然後，我輕輕對 Bob 說：「你什麼也沒辦法做，因為，這跟你無關。」

這會兒，他更不知道該說什麼，或做什麼好。事後他曾經跟我說過，如果當時我罵他，他還比較舒服一些。

當時，我清楚的感受到我內在的那把火隨時都可噴出傷人，我好想責備他，好想打擊他，好想把一切的憤怒都丟到他頭上。

可是，我等，我等那把火慢慢、慢慢的熄掉。類似的情緒，我經驗過幾次。這些經驗，讓我一次又一次的從盛怒的夢魘中醒過來，讓我在那個當下，縱使如此清楚體驗到自己的憤怒有多麼強烈，但同時還能夠知道這樣的情緒不是來自於眼前的這個人，而是來自我從小被父親遺棄的那個痛苦經驗。

我知道，無論如何，這件事情 Bob 都是站在理虧的那一邊，我清楚他很愛我，我也很了解他，如果我真的要傷害他的話，他會痛苦到生不如死。

可是，正因為我知道我手上擁有這樣的力量，所以我要更有意識、更有覺知。我非常清楚，他很愛我，我不能玩弄他、操縱他。

我知道自己在他心目中的地位，所以我不能去踐踏自己，更不能去糟蹋自己這樣的能力。人非草木，孰能無情；人非聖賢，孰能無過。

每一件事，每個人都會有來自於自己角度的詮釋與感受。而我們在這一生的學習與成長，正是要擴大自己，將別人包含進來。

在這個因愛而生的錯誤當中，能不能有出於愛的解決方法呢？

當我等心裡那把火慢慢消下去之後，那天晚上，我跟 Bob 坐下來好好談了談。那陣子，他壓力很大，自己的父親生病，又要去面對他自己過往的錯誤，在這樣的大日子裡，他希望能稱職的扮演好父親的角色。他有點慌了手腳，不知如何是好。

我也將我內在發生的狀況，坦誠相告。那天晚上，我們有了一次很好的溝通。

我們兩個都是自尊心很強、無法示弱的人。然而，因為愛，我們願意學習，願意成長，願意暴露自己的脆弱，與對方分享。最重要的是，我們知道，對方會細心呵護那顆脆弱的心，而不是在傷口上撒鹽。

不能因為怕痛，而不再愛人

這麼些年相處下來，我們也都學會了能夠從愛的角度出發，把事情的來龍去脈完整的表達清楚。在這過程中，往往必須有勇氣去面對自己沒有武裝的真實面貌。

尊重與善意，才是最偉大的愛。只不過，通常不愉快時，我們比較在乎的是自己有沒有面子，而不願去看愛的偉大。

婚禮前夕，我細心為他準備明天要穿的禮服。平日，我不會過問他的事。但在這樣難得的大日子裡，我希望他能開開心心、放心、安心的去參加這場盛會。

此刻的我，很有覺知的在餵養著心裡那匹慈善的狼。真的很替他高興。他的寶貝女兒，一個美國著名醫院的眼科主治大夫，他們夫妻最大的驕傲，明天將要在所有至親好友面前，邁進另一個階段的人生。

我敬重他們為家人所做的一切努力，也以他們為榮。

一個父親，即將陪著女兒走上紅毯的另一端。這是多麼令人喜悅、滿足的一件事啊。

有一種酒叫女兒紅，正是為了這一天而釀的。

女兒的喜事，也是父母的喜事。要釀成這樣的喜事，得沉澱多少年的光陰之美？經過多少雨露霑濡、悲歡聚散、期待與盼望呢？

現在，酒就要開罈了，今天受到的撞擊，不是要讓這罈酒因此碎裂，而是要震動那酒不為人知的酒香，在明天開罈時，香驚四座。

縱使，明天我不會在場，但我也會因此而分享到隔空傳來的醇美香氣。

我幫他選好領帶，搭配他明天要出席的西裝，這是我僅能做到的，我將自己的心意放進去，我想整個宇宙應該都收到了。

我很確信我對他的愛，我是那樣清楚，我們不能因為怕痛，就不再愛人。愛人，讓我感到自己或者說存在，竟然如此這般不可思議。即使那樣的痛，痛得那樣深，可是我們依舊可以在那樣的痛裡發現到愛。

那不只是愛對方，也是愛自己。正是在愛的給予中，我們發現了我們自己就是愛。

8 看見孩子的悟性 我與女兒

有人曾問我：「賴佩霞，如果真有下輩子，你想做一個什麼樣的人？」

我的回答是：「我要做賴佩霞的女兒。」

對我來說，身為母親這個角色，是最重要的。離婚的時候，我可以什麼都不要，但是母親這個角色，卻是絕對不能拿掉的。

也有人曾問我的兩個女兒，在她們心中，她們的母親是怎樣的人？

結果，兩個女孩不約而同，毫不遲疑的回答：「媽媽很好玩，總是開開心心的。」

我當然會有傷心落淚、生氣憤怒等種種情緒起伏的時候，這些，我在孩子面前都毫無隱瞞，她們會看到我的種種面向，但是這些都絲毫不妨礙兩個女兒對我的整體觀感。

我要成為自己夢寐以求的母親

我母親是一個很勇敢、很負責任的母親。但我和母親相處時，兩人見面就不時鬥嘴的狀況，也是我心裡很深的遺憾。

為了讓我的女兒在成長過程中，擁有一個好的學習典範，我很有意識的努力超越原生家庭帶給我的負面影響。

從一九八八年，當我決定結婚的那一刻開始，每一天，我都在經歷生命的重要課題，學習在「愛」中成長。因為我不僅要為人母，我還要成為那個我「夢寐以求」的母親。

身為我母親的女兒，我很難跳脫母親的思維框架。對她來說，她這一生唯一犧牲與奉獻的對象就是我，我是她最大的精神依靠。因此，我也在不知不覺中，承襲了她這強烈的信念：生兒育女，才是人生中最重要的事。

除此之外，還有另一個深深影響我的信念，這是經過我多年的探索之後，才認出的超強魔咒：男人不可靠，只有女兒才會一輩子留在你的身邊。

其實母親心裡很明白，無論她脾氣有多強、有多不好相處，她很篤定這個女兒永遠不會離開她。

我，其實一直是媽媽貼心的女兒。跟她鬥嘴、吵架，是我在青少年時期發展的行為，在這之前，我一直都很乖順。除了頂嘴，各方面我都非常順從她。

頂嘴，是我唯一能夠表達對她不滿的方式；頂嘴，是我對她倔強的抗議。

雖然這不是很具建設性，但這似乎是我們兩個人紓解對世界不滿的方法。

我從來不敢真的做任何會傷她心的事。我心裡一直都很疼惜她，我了解，她已經夠辛苦、已經很不簡單了。但就因為這世界就只有我們兩個，她又盯得我很緊，因此，所有的負面情緒，也只能投諸彼此身上。

在這二十多年裡，我一直參加成長團體、靜心課程，並且處理自己與原生家庭的層層關係，在這麼長的時間裡，即使過程不好受，面對有那麼多的課題，我還是堅持不懈。

這麼做的背後，有很大的力量，就是為了要好好愛我的孩子。

我總是告訴自己：如果我真的愛孩子，就一定要轉化自己，不能像母親那樣，任憑自己的情緒起伏，不自覺的隨口說出讓孩子傷心痛苦的話。看著自己的傷口，我強烈要求自己，一定要成長成我要的母親的樣子。

也因為我極為在意跟孩子的關係，結婚之後，就算我非常渴望生孩子，但我還是堅持以最高標準定下一個縝密的時間表。坦白講，我這一生從來沒有這麼謹慎、小心、認真過。

說到這裡，我真的很感謝我的母親。由於她對我的重視，延續到我對生兒育女的重視。

終於明白，付出愛的快樂

當我一得知自己懷孕的那一刻，非常非常快樂。看到超音波上顯現出來的胎兒影像時，就跟許多初為人母的人一樣，我開心落淚。我的孩子，完全是在我的祈禱下來到這世界。

懷孕期間，市面上買得到的胎教書，我幾乎每本都買來看。前夫曾說我神經病，這些書的內容看起來都差不多，幹嘛每本都買。但是，我想從各種角度來吸收所有對孩子好的知識，一個概念或許這本書有、別本書沒有，反正關於胎教的知識我一個都不放過。

我當時很愛喝咖啡，但為了孩子，一滴也不沾。懷孕期間，我不只忌口，書上說對孩子不好的食物，我也全都不碰，甚至連口味，我都改變了，注意不能太鹹、過辣，還有為了孩子的皮膚，絕對不能吃下太多的醬油等。除此之外，我還會為了孩子去吃平常從來不敢入口的食物，只要這些食物是對胎兒好的，我一定吞下去，而且，甘之如飴。

我對女兒全心全意的愛，讓前夫一直無法調適，他認為孩子分去了我對他的關心與注意。過去，不管是與自己的父母親、朋友、男朋友、丈夫，我從來不知道愛人是可以快樂到這種程度。孩子，讓我真正體會到愛的深度，對愛開始有了真正的了解。透過愛孩子，我深深的體會到原來付出的同時，就是最大的喜樂。

在擁有孩子之前，我體會到的愛，大都是站在接受者的角度，尤其主要是來自於我母親的愛。在沒有孩子之前，我也知道要付出，也有過經驗，但男歡女愛或朋友間的愛，是可以被取代的，並不是非我不可。

但是孩子就非常明確，照顧他們是非我莫屬的事情了。我就是必須承擔起這個角色，就是要「好好把孩子養大」，就是「一定」要付出，單單那個「付出的承諾」本身就已經是愛了，任誰也無法從我身上帶走。

以往覺得被媽媽愛，壓力好大，不好玩。雖然渴望，又想逃。在我為人母之後，我才體會到，原來付出才是真正讓人感到喜悅、快樂；原來愛人才是幸福。

大女兒出生之後，她一直是趴在我的胸膛上睡覺的，一直到我懷了老二，肚子大到怕她在我身上睡覺會不舒服，怕壓到妹妹，才讓她睡我旁邊。

她們出生後，我也都是親自哺育母奶。還記得大女兒開始改喝配方奶時，一想到以後不論是誰都可以餵她，她已經長大了不需要我，我竟在一時之間難過得哭了起來。

身為母親，我總想把全世界最好的給我的女兒。工作時，總是把她們帶在身邊。我在後台化妝時，女兒跑過來要我抱，我一定會把她們抱起來。也因此，很多人常認為我很寵她們，也擔心我把女兒寵壞。

別讓孩子用尖叫與你溝通

學過心理學之後，我很清楚情緒是很寶貴的，我會陪伴孩子，讓她們適時的發洩情緒，給她們一個安全的環境，尊重她們的情緒，同時我不讓她們用情緒來操控我。

我看過很多媽媽跟孩子的應對方式，實在有欠思考。

有一次在餐廳裡，有個媽媽手上抱著一個一歲左右的小孩，孩子還不會說話，要媽媽拿水給他。此時，那個媽媽只顧著跟別人說話，沒有太理他，孩子先是咿咿呀呀的叫，最後乾脆用尖叫方式引起媽媽的注意，而且還用力捏媽媽的手。而這個媽媽，竟然馬上拿水給他。

像這樣的互動，或許是一些很生活化的細節，但是，卻在不知不覺中教導了孩子，當他用這樣的方式抗議時，他就可以馬上得到他想要的。

我們很容易在親子關係裡看到這種互動方式，這種現象不只發生在嬰兒身上，還一直延續到青年、中年，甚至老年。

我們對世界的認識、應對的方式，都是透過跟人的互動學習而來。

孩子其實非常聰明，他們從很小就開始打量，學習如何從父母身上得到他們想要的東西。有時即使過程艱辛，弄得兩敗俱傷，但是畢竟那是他得到東西最熟悉的方式。

如果爸爸介意孩子吸吮手指頭，孩子就學會不在爸爸面前吸；如果媽媽不介意，他就只在媽媽面前吸手指頭；如果孩子想惹父母吵架，他就會在爸爸媽媽都在的時候，故意在爸爸面前吸手指頭。

不要因為孩子哭，而改變你的決定

孩子有時候可能會很不可理喻，卻也不是那麼難處理的。

小女兒大約四、五歲時，有一回，她說晚上想吃義大利麵，我就讓佣人去煮。隨後 Bob 下班回來，聽我說了之後，看著桌上一整桌的菜色就說：「飯菜都已經準備好了，而且什麼都有，為什麼要另外再做？」我想想也對，就對小女兒說：「好吧，今天飯菜都做好了，而且都很好吃，今天就不煮義大利麵了。」

這下不得了。小女兒聽了，好生氣，開始發飆，還指著我的鼻子說：「都是你的錯！」她一直哭鬧著，完全無法停下來。

我坐在那裡，靜靜看著我自己的內在起伏。當時，我一點都不生氣，我不氣她發脾氣，因為她真的很想吃。而且，我知道，她的心裡一定有什麼不愉快的情緒需要發洩。我陪著她，看她的憤怒、悲傷及任性，那一刻我沒有任何指責，只是很單純的跟她在一塊，讓她把氣完全發洩出來。

其他人開始吃飯，而我就坐在餐桌旁邊陪她，看著她號啕大哭，我心想：好有生命力的一個孩子。

她就這樣一直哭，哭到天翻地覆。二十分鐘過去了，我看她哭得那麼累，而且真的滿吵的，就過去抱起她，把她抱到樓下她房間的床上去。

我什麼都沒說，就一直把她抱在我懷裡、陪著她，陪伴她的任性與氣憤，直到她哭完為止。這樣過了二十幾分鐘，她最後很委屈的說了一聲：「媽咪，對不起。」

整個過程，我耐心陪著她，但是並沒有因為她的哭鬧而改變我的決定。情緒釋放是可以的，但是絕對不可以讓她以為這是可以達到目的的手段。

類似這樣的狀況，大女兒也發生過。她發脾氣，把房間裡的東西丟了一地，那是發生在我前一段婚姻的最後期。儘管我的內心非常不平靜，但是我也是用同樣的方式對她：「好，你哭吧，哭完了，再把東西收拾好。」

看著她哭，陪她哭完，氣消了，東西也收拾整齊了。那時她五、六歲。

很多時候，孩子無理取鬧，是因為心中有些怒火，其實他們自己也說不清理由。我當下就是帶著欣賞大自然裡火山爆發的心情，觀看它的宏偉與爆發力，它沒有對錯，只是很單純的自然現象。

如果心夠靜，也許會發現，孩子其實會替家人發出那聲聲的怒吼。他們的怒吼，常常是幫大人把壓抑下來的情緒引爆出來。這些知識，為人父母者應該要了解才是。

常常聽到說：天下無不是的父母。這話我覺得有待商榷，但是我真的認為，天下無不是的孩子。反省越深，也就越能體會它的真諦。

透過這樣的陪伴，我不只讓孩子明白，用發洩情緒的方式不會得到她們想要的。同時，我也讓她們意識到，雖然我沒有滿足她們想要的，但並不代表我不愛她們。無論如何，我都會很有耐心的在一旁守候。

我不會覺得發脾氣、宣洩情緒是不可接受的，甚至，我認為那是必要的，因為人就是有那樣的情緒，情緒是那樣的真實。我們經常會看到人們發怒、悲傷，那就是他們積壓多時、需要宣洩出來的情緒，而宣洩很重要。其實，情緒就是能量，應該將那些能量紓解開來，而非壓抑下去。如果沒有適當的管道紓解，久而久之，會產生健康上的問題，或者把氣出在家人身上。

所以，我會請生病的人去檢視自己跟家人的關係，很多病變都跟情緒有關，這其中不只是自己的情緒，還包括其他家人的情緒。

你淡定，就能看見孩子的悟性

通常孩子有情緒時，我不會對孩子說：「這種事情你幹嘛要生氣？你只要如何如何就好了。」這樣，會抹煞孩子對情緒的認識，阻止她去經驗。我甚至會說：「很生氣的話，很好，就去房間打枕頭。」

我們家老大，很會善用這個方法來消除對老爸嚴格管教的氣。好幾次她跟 Bob 講完話，就氣沖沖回房間，十幾分鐘後，再笑咪咪的出來長袖善舞一番。對於她自己能快速轉化情緒這件事，她深感驕傲。而最令她驕傲的是，不只笑咪咪，還會主動到老爸面前道歉。

坦白講，她這個道行之高，我們夫妻都自嘆不如。

只要孩子願意表達出自己內在的真實狀況，我絕對給予高度的敬重。孩子必須對情緒有相當的認識，將來才能主宰它，不讓任何人成為盛怒、憤怒、所有負面情緒的犧牲品。

其實，為人父母者，都需要先了解自己的情緒，才能教孩子認識情緒，從負面情緒中解脫。就算無法解脫，最起碼把傷害減到最低。

在教養孩子的過程中，淡定非常重要。以那次義大利麵事件為例，首先，Bob 除了說出他覺得不需要再為了小女兒煮義大利麵之外，什麼都沒多說。而我只是一直陪在她身邊，關照她，關照我。如果我心裡也有氣了，我就會離開。

我是否能夠很穩定的陪孩子走過她生命這麼珍貴的片刻?還是我只跟隨自己的怒火?我知道,如果我能處之泰然,孩子就不會模糊了焦點,才能從這件事情上反省。

當事情單純的時候,越能幫助孩子真實的看到她自己。

通常父母因為自己壓力過大,也很容易被激怒,經常看到的反應就是把孩子罵一頓或教訓一番。如果這樣,孩子反而會覺得自己沒有被重視、好可憐,反而迷失在大人跟自己的情緒中,而無法清楚的反省。

每個孩子都很有智慧,如果大人多一些淡定、不亂發脾氣,讓孩子看清楚事實真相,你會發現不只孩子的悟性特別高,而且也能回頭幫你,安慰你。

還有,一旦孩子知道某些方式行不通之後,下次就會學聰明,會想辦法用行得通的方式跟你說。溝通,其實可以很簡單的、很清晰的,畢竟哭天搶地是很耗心力的事情。孩子真的都很聰明,那種損人不利己的事,他們也避之唯恐不及。

如果孩子從父母身上看到事情的處理方式可以很簡單、很成熟,其實他們也會很喜歡、很放鬆的。只要大人自己不要往死胡同裡鑽,孩子也不會往死胡同裡鑽;只要大人態度溫和,孩子也會以禮相待。

孩子的學習對象就是大人,就是最親近的父母。如果我希望孩子講理,自己就必須要先展現講理的氣度,否則,孩子要跟誰學呢?

這些道理大家都懂，既然如此就練習、練習、練習，再練習吧。

他不是真要吵，只是在乎有沒有被關心

很多家庭都難免會吵吵鬧鬧，對於吵架，我一向很小心，不能讓本來只是兩個人吵架的戰場，擴大成三個人的戰爭。這是很多家族鬥爭的寫照，應當引以為戒。

當我說我不喜歡爭執時，在情緒上，我就會讓自己離開吵架的狀態，不要跟著變得心浮氣躁。

我們家的兩個女兒也會吵架，我將這視為是她們兩人的溝通方式之一，如此，我就不會在她們吵架時有太多批判，不會用頭腦分辨誰對誰錯，誰又應該怎麼做。我不會讓我成為這場爭吵中的一股力量。她們吵什麼，那是她們姊妹兩個的問題，她們自己需要學會處理，只要她們不要動手動腳，把對方打傷，吵吵架不妨看成是生活情趣之一。

其實，當我們靜下心來看，會發現孩子吵架或甚至打架時，嘴巴上會說你不要打我，你別打了，但是兩人還是一直打來打去，根本沒有人真的想要住手。

真正想要停下來的人，就會把手收回來，嘴巴閉起來，或者乾脆離開。

記得她們兩人有一次互相動手動腳，姊姊弄一下妹妹說：「你停，不要碰我。」妹妹馬

上回手也說：「你停，你才不要再弄我。」就這樣來來回回十幾二十次。有一個人就叫說：「媽咪，你看她都不停下來。」這下我開口了：「看來，你們根本沒有任何人想停，真正想停的人就停了。」忽然，一切都停止了！

有一回，我們家的兩姊妹吵架，妹妹來告狀，說了一堆。

我正在打電腦，就回她說：「那我陪你玩嘛。」妹妹就說好，然後就坐到我身邊，我則是繼續打電腦。

妹妹就問：「你不是說你要陪我玩嗎？」

我告訴她：「我陪你玩的方法就是這樣啊。」

她看了我一眼，沒兩分鐘，就看她飛奔過去找姊姊了。她坐在我身邊，覺得媽媽這種方式太無趣了，寧可回頭去找剛剛吵過架的姊姊，繼續吵。

很多人說討厭吵架，但是有幾個人真的看清楚是自己一直往戰場上衝。唉，誠實一點，不要老把責任推到別人頭上。沒有自己的配合，哪來的廝殺，哪來的戰場！

我不但不加入戰局，而且，我也不會選邊站。並不是我沒有自己的主張，而是爭戰中，任何論點都沒用。

通常，選了一邊，另一方就會反彈，家人之間真正在乎的是有沒有被接受、被看見，跟誰對誰錯無關。一個有強烈情緒的人，很難真正聽到別人的真心話。對我來說，所有良好的溝通，都要以心平氣和為基礎。一旦對方有了情緒，端看自己是否有能力包容，如果有，就當成日行一善，別太計較就聽聽吧。

我不敢說我的處理方式是對的，我只是分享我在家庭裡無為的應對之道。這十幾年下來，這一套真的非常管用。

你打呀，有本事你打我呀……

我對小孩的寵愛，連我媽看在眼裡，都覺得太過分了，她覺得我的女兒已經欺負到她的女兒了。我媽在世時很看不慣我家女兒對我的方式，也覺得我對她們有求必應到過於誇張的程度。

我雖然這樣愛孩子，也很注意不要將自己的情緒加在小孩身上，但是，我卻打過我家女兒。

而這也是唯一的一次。

那一次，是正值青春期的大女兒 Aggie 要去南部露營，她來向我借鞋子。

我找了幾雙給她試穿，但她怎麼挑都不滿意。原來，她看中的是我上台表演時穿的布鞋。我沒有答應，也試著跟她講理，去露營不需要穿到這樣的鞋子。

Aggie不肯接受，不管我怎麼說，她只想要達到自己的目的。

最後，我有點不耐煩就說了：「我看你這個樣子，真想一巴掌打下去。」

Aggie回答：「那你打呀！」

於是，我真的就一巴掌打下去。然後，看她愣在那裡，我轉身上樓。

上樓沒多久，我聽到她在樓下竟然哼起歌來。再過一會兒，她上樓來對我說：「媽，你最重只能打這樣嗎？一點都不痛耶。」

「不痛最好，下次我就用力一點。」

「媽，你曾告訴我，你說你永遠不會打我的。」

我說：「對不起。」她聽了有些竊喜，覺得很好，我在為我的行為感到抱歉。我接著說：「我怎麼會給出一個這麼愚蠢的承諾。」她驚訝的說：「媽咪！」此刻我們兩人都笑了出來。

我說：「我這個做媽的，當然可以打你。我不打你，誰打你？我從來不打你、不罵你，是因為我知道孩子被爸爸、媽媽打心裡有多難過。我不想讓你傷心。今天，不一樣，嘿，you ask for it. 你知道嗎？有多少時候，我憋得多痛苦，既然你邀請我，我當然一點也不客氣。這樣也許你才知道，我不是不會打人，只是不想用那樣的方式。今天你要我動手，我當然要好好把握這個機會，怎麼可以錯失良機呢？你知道這種機會有多難得嗎？」

從小到大，我沒打過她。這一回，是在她十三、四歲的時候，這個階段的孩子，不時想測試父母的底線。

當時，她可能覺得我不可能打她、也打不下去，從她出生有記憶以來我從不曾打過她，甚至罵過她，所以才會挑釁我。平常時候，我都盡量克制，保持風度，我真的不想像我母親一樣，以大欺小。就因為我知道自己在孩子心目中的分量有多大，因此不願使出殺手鐧。

想想也挺有趣，一堂很重要的課題，就這樣讓孩子學會了：千萬別挑釁；小心嘴巴說出來的話，它很可能會應驗。

坦白講，當初只是我很單純的直接反應，完全沒有時間思考。事後，我也沒有後悔。因為講太多了，反而會模糊焦點。在當下，她體驗到語言的力量，自己說出的話是有可能成真的。我很清楚表達我的感受，而她也清楚表達她的態度。怪只怪她給出的指令太直接，讓我完全不需要思索。

這裡面當然融合了我們平常建立的信任與幽默。孩子鬧性子，有時候會進入一種自己也停不下來的狀態。這時候，光是容忍與陪伴還不夠，還需要有人幫忙敲醒她，讓她能走出來。

當然，這是我的想法，可能別人會有其他的看法與解決之道。

基於愛的教育，我當然不鼓勵別人用體罰，但在這件事情上，我們兩人都覺得受益匪淺。

親愛的寶貝，我的情緒與你無關

在孩子吵架、任性的時候，我會陪伴她們的情緒。在我自己有情緒的時候，我會讓孩子清楚，那是我的情緒，跟你們無關。

我會很小心，不要將情緒發洩在孩子身上。我甚至告訴孩子，如果你看到媽媽生氣，你要趕快跑，不要待在媽媽身邊當受氣包，或是當我的垃圾桶。

我很清楚，我要對自己的情緒負責，沒有人應該接受我們的情緒暴力，尤其是最愛我們的孩子。

當我們能為自己的情緒負責，彼此之間的關係也才會比較清楚分明，才會知道真正的問題出在哪裡，而不會你一言我一語，到最後，連為何吵架都忘了，整個過程只在宣洩不滿的情緒而已。

記得我跟女兒之間有一個很美的經驗。那一次，因為大女兒 Aggie 在演藝事業上遇到的狀況，讓我想起了以前在演藝生涯中所受到的不平待遇。

想到自己過去受過類似的對待，過去的也就算了，但現在女兒這樣受委屈，我很生氣，也很難過，而且感覺更加強烈。當我看到了自己陷入氣憤、悲傷的狀態中，我再一次的誠實面對自己的情緒。

我放了一缸洗澡水，泡在水裡，悲傷的情緒一陣陣湧上來，其實也說不清我到底是為了在演藝事業裡哪些事件難過，但就是一股悲傷的情緒無法驅散。

大女兒走了進來，問我：「媽媽，你怎麼了？你在生什麼氣？你在難過什麼？」

我回答：「我在生老天爺的氣。」我向女兒抱怨老天爺，說老天爺為什麼沒有把 Aggie 照顧好。

Aggie 聽了便說：「媽媽，你怎麼知道老天爺對我不好，老天爺沒有把我照顧好？媽媽，你不是說受苦是好事，可以學到很多東西的嗎？」

我那時候很生氣，就回她說：「放屁，這些話都是騙你的。」

Aggie 聽了便笑著說：「媽媽，你好好笑，你怎麼跟小孩一樣。」

話才說完，她就去拿毛巾來幫我擦身體，就像照顧小孩一樣說：「好，好，別生氣了，來，穿衣服。」跟著，還帶我回床上睡覺，還在使性子的我，還對她說不要。

等我安靜下來後，Aggie 便對我說：「媽媽，我知道你為什麼會那麼難過。因為你希望把任何最好的東西都給我。媽媽，你真的很愛我，對不對？」然後她就抱著我，開始掉眼淚，流了好多好多眼淚。那時她十五、六歲。

她知道媽媽的腦子裡一直都在為她著想，最後她反而安慰我說：「媽媽，我會沒事的。」

很多時候，很多媽媽愛孩子的情緒是壓抑的，覺得不該讓孩子看到自己的情緒。但是，我一點都不吝嗇。我會讓孩子知道我的真實感受。

在她們面前，我完全不需要偽裝，這是我跟孩子之間最基本的信任。

而她們非常清楚，我絕對不會用任何情緒去勒索她們，要她們一定要聽我的。

包括我母親生病，正在接受化療時，那時候我的悲傷讓我不時哀泣，我會蹲在牆邊一直掉淚，她們就會過來疼惜的摸摸我，頂多就問一聲：「媽咪，你還好嗎？」其他的，就留給我自己。

因為她們知道，在那樣的時候，說什麼似乎都不對，好像連說媽媽不要難過也不適當。她們就是不時拿幾張衛生紙給我，然後又跑去玩。

她們能有這樣的包涵、接納與了解，好美好美，也好令我感動。

在我因為 Aggie 的事情生氣、難過的隔天早上，Aggie 將前一天晚上我生老天爺氣的事情告訴小女兒 Adrienne。

晚上，Adrienne 回家後就對我說：「媽媽，我聽說你昨天在生神的氣，你現在還在生氣嗎？」

「還有一點。」

Adrienne 接著說：「媽媽，你要記得一件事喔，如果不是神，今天我就不會在這裡喔，你就不要生氣了。」

聽到這樣貼心又甜蜜的話，我還會有什麼氣呢。

能夠接納自己所有的情緒、所有的面向，是我在跟孩子相處時很重要的一點。我的很多面向，我的孩子都看得一清二楚。當我像孩子一樣發脾氣時，她們反而覺得很有意思，讓她們有機會可以反過來呵護我、包容我。

恐懼中的孩子沒有力量，也無法感恩

全然接納自己，不只是為自己好，更能幫助到下一代。

有朋友對我說，他總覺得在他爸媽眼裡，他是不夠好的。

我觀察到之所以會這樣，往往是因為父母親覺得自己不夠好，害怕孩子跟他們一樣不完美，覺得小孩應該比自己更好才對，所以更加督促孩子。但這麼一來，反而讓孩子跟父母親一樣，覺得自己永遠不夠好。

我曾經參加過一個父母成長團體，其中很多父母都是帶著擔心、害怕及自責的心情來參加的。

當時在團體中，有很大一部分就是在處理原諒自己的部分，原諒自己身為父母親會有的錯誤判斷，原諒自己的不完美。

這些年來我很清楚的看到，許多父母親往往在無意間把自己的擔心、愧疚，以「孩子，我要你比我更好」的方式加在孩子身上，卻不知道同時間孩子也將這些情緒壓力給承擔了下來。於是，這樣的孩子就在恐懼中成長，難以坦然面對自己，總是覺得自己怎麼樣都做得還不夠，也表現得不夠優秀。

當孩子充滿了恐懼與害怕，那些情緒反而會束縛住他，讓他在生活中逃避挑戰，怕犯錯，難以面對挫折。

這樣的孩子是沒有力量的，也很難感恩。

與其讓孩子感到恐懼，擔憂自己不夠完美，不如教孩子學會感恩生命。因為，感恩的力量非常大。一旦一個人心中充滿感恩，他就會自動自發，想要去服務，想要去奉獻，想要去回饋。

在感恩力量下成長的孩子，將來進入社會，他的思維就會跟在恐懼下長大的小孩截然不同。他會希望把自己的能力發揮出來，用感恩來回饋老闆、客戶、社會，把工作做好，與人為善。這是完全截然不同的生活態度，也會給這個社會帶來不一樣的影響。

就像當我們感恩自己的父母親時，就會想，好，那我要怎麼打拚賺錢回饋父母；或者，我要怎樣做個堂堂正正的人，好榮耀我的父母。

甚至，也會想著，我的父母親為我付出這麼多，我也要讓我的孩子接受到這麼多，我感恩自己所獲得的，也感恩孩子的健康與平安，因為這所有的一切，是由許多人的力量促成的。

想想，在一個充滿感恩的家庭中生活，跟在一個充滿愧疚、自責的家庭中生活，有多麼大的不同。一個人如果事事出自恐懼，不管是賺大錢或者有怎樣的成就，他的心靈品質還是沒有改變。

想想，我們到底想要帶給孩子什麼？

如果愛孩子，希望孩子過得好，跟我們有不一樣的未來，那麼覺知自己的念頭是正向或負向，是由什麼樣的出發點來教養孩子是很重要的。

這些年，我一直覺得自己是個很輕鬆的媽媽，如果我能在教養上跟人分享些什麼，我想感恩的力量，以及以身作則的身教力量，是我覺得最重要的。

我很清楚，如果我希望自己的小孩重視什麼，就要自己先做到。所有的教育，說到底，都是身教。

如果我們覺得被人敬重很重要，那麼我們自己就要做到受人敬重；如果我們認為有學問很重要的，那我們自己就要多學習、多鑽研，去敬重學問。

教養對我來說之所以容易，就在於我希望孩子們怎麼樣，我會自己先做。

這樣一來，我所想的、所做的，就很單純，也就是我自己先做好，先把生活過好，其他的就會一一就緒。

孩子，成了我的心理諮商師

還記得二〇〇九年除夕，那天我們邀請了我前夫的爸爸跟妹妹到家裡一起圍爐，孩子們也從他們那兒收到了紅包。

那天晚上睡覺前，小女兒一直不知道在我們房裡忙些什麼，之後，還不斷問我：「媽媽，你什麼時候要去睡覺？現在我要去睡覺了。」最後還提醒我：「媽媽，你等會兒睡覺時，要摸摸枕頭下面喔！」

我當時並不知道她在想什麼。上了床，我伸手一摸枕頭下面，眼淚差一點噴出來。

這孩子，竟然在我們的枕頭下放了兩個大紅包。

通常，小孩收了紅包之後，都會計算著自己收到了多少錢，甚至會跟人比較自己收到多少，連我們自己，也是等長大賺錢之後，才開始給父母紅包。

可是，這孩子只因為自己收到了紅包，覺得很開心，就想著爸爸媽媽要是收到紅包一定也很開心，所以就這麼做了。

我對這孩子說：「Thank you so much!」

她回答我：「I am a rich girl.」

我說：「Indeed, you are so rich!」

我知道這孩子真的很富有，因為不需要任何人告訴她，她打從心裡面就覺得自己是富有的，一點都沒有覺得自己匱乏，她不需要囤積，也沒有擔憂。她的性格很懂得給予，因此她也得到很多。這年她十三歲。

像這樣的事因為發生在一個重要節日，所以比較特別，但這孩子不只如此，她的大方顯現在她每天的生活作息上。在平常日子裡，連我們上餐廳吃完飯、付完帳後，她也會對我們說：「謝謝爸爸媽媽。」從外頭回家，開門第一句話也都是先問候我們：「今天過得好嗎？」她真的很想知道我每天的生活情形。

同一年，Bob 心肌梗塞，送到醫院裝了兩根支架，當時我就打電話給他在美國的兩個孩子，在他們的電話裡留言。兩天後當我們接到他們電話時，他們人已經到了台北，正在前往醫院的路上。

在這之前，我從未見過他的兩個孩子。除非 Bob 主動提起，否則我也不太過問他跟前妻及他孩子的事。但是話說回來，初次見面總有一些興奮跟忐忑。更何況我也沒有做後母的經驗，人家都說，後母並不好當。

我跟小女兒有一段非常簡短的交談。我說：「他們不喜歡我是非常正常的事，如果喜歡我的話才是奇蹟。」當時，我正在為我的心打預防針。十三歲的她說：「媽咪，這個世界怎麼可能有不喜歡你的人呢？如果他們不喜歡你，會是因為你的角色，絕對不是因為你個人。」

她非常清晰的扮演了一個諮商師的角色。她真的把我平常說的話都聽進去了，而且青出於藍。

我可以想見，她這輩子跟別人相處的關係會有多愉悅。甚至，她不只是富足而已，從這些舉動，可以看到她有顆細膩的心，懂得觀察與體貼別人。說真的，我知道，她這一生，我都不用擔心了。

很感謝我的兩個女兒都那麼懂事。尤其是，我今日能跟 Bob 共組這麼一個幸福家庭，完成我的夢想，大女兒 Aggie 是我特別要感謝的人。

我很清楚，只要當時她顯露出一點猶豫，或對於接受 Bob 成為家人有任何不悅，我跟 Bob 之間的感情就不可能繼續發展下去。

在我還是青少年時，我的母親曾帶過一個男朋友回家，只是見面認識而已，我就沒有給他們好臉色看，母親的那段戀情當然也就無疾而終。我很清楚孩子對母親的影響力，更何況，對我來說，母親是那麼重要的角色，我一定把它當作是我首要的任務。既然當初決定要生她們，她們就是我的責任。

我真的很感謝 Aggie，是她，成全了我們這個家。

幫助孩子找到內心的平靜與祥和

在教養女兒上，我還要感謝 Bob，因為他的協助，我也才能做個輕鬆的媽媽。Bob 家的家教非常好，也因此，不管是我的兩個女兒，甚至是我自己，都從他及他的家人身上學到許多待人處世、應對進退之道，這是我從小只跟母親兩人生活所學不到的。

有時，我會對兩個女兒說，你們有個專門清理內在的媽媽，還有個爸爸教導你們如何在這世界上安身立命、處理人際關係，你們真是很幸運的孩子。

我前面提到，身為女人，做媽媽的很容易陷入為孩子無條件付出的陷阱裡，然後又氣得半死說小孩都不尊重自己。

這個時候，家裡如果有個聰明的老公，適時站出來把一些教養的原則說清楚講明白，那就太甜蜜了。

有一天，我難得下廚，做好一道道菜，就希望親愛的家人馬上品嘗熱呼呼的佳餚。於是我說：「還有兩道菜，沒關係，你們先吃。」這時，孩子、老公都餓了，準備好好大快朵頤。大女兒盯著桌上一盤雞腿，其中有一隻看起來特別大又特別肥美。就問：「我可以拿這一隻嗎？」我很自然的說：「想吃就拿去呀！」

這時 Bob 開口說話了：「媽媽因為很愛你們，所以把所有最好的都留給你們吃，雖然媽媽說好，但是你們不能拿。你們要永遠記得，要把最好的留給媽媽。」

我差點沒昏倒，這時他說話的聲音，遠遠超過當年我第一次聽他說話時的鏗鏘有力，而且迷人。我這一次，真的拜倒在他的卡其褲下。

這個男人，我這輩子要定了。這就是他讓我敬重的地方，他真的永遠都把最好的留給我。很多事情我不懂愛自己，這個男人今晚徹底展現出他的魅力，在結婚多年後，仍護著他心愛的妻子。雖然沒有吃到最大隻的雞腿，但是孩子心裡感激這個深愛她們媽媽的男人。爸爸說這句話時，她們真的都聽到心坎裡去了。

而我，也從那次的經驗中，更體會到父母關係和諧的重要，不但要扶持對方，而且我也開始像 Bob 一樣，常常適時提醒她們對父親的敬重。爸爸疼惜媽媽，孩子也會學著一樣疼惜媽媽；媽媽敬重爸爸，孩子也一樣學著敬重爸爸。我們做父母的言行舉止，孩子都看在眼裡。我當時可以感受到孩子的踏實，而她們也期盼能夠得到我們對她們的疼惜與尊重。

「Bob，謝謝你。兩個孩子今天對我所有的體貼與尊敬，你有相當大的功勞。」

前不久，我們回 Bob 在江蘇無錫的老家掃墓，我站在這個大家族的墓地之前，看著 Bob 的大伯、爺爺奶奶、曾祖父母的墳墓，心裡有無比的感恩。

因著這個家族有這樣好的傳承，讓我有這麼好的公公婆婆、這麼好的丈夫，不只我自己的生活改變了，得到了很好的照顧，連我兩個女兒都有了完整的家庭支持著。

我五體投地磕頭，敬重也感謝這個家族一脈相傳的恩澤。

身為一個女人，今天我有幸為人妻也為人母，這兩個角色都讓我更進一步去想，除了過好我自己的生活之外，我要如何在這兩個角色上去服務家族、服務社會。

由於我自己出身單親家庭，還有一段失敗的婚姻經歷，在在都讓我格外用心在婚姻的經營上。我深知，一個男人與一個女人相遇、相戀，然後結婚，不只是一紙結婚證書，也不只是兩個人的事而已。

這份關係經營得好，這個家庭裡的子女都會很受到滋養，也會成為很有力量的人，至少，他們會懂得把自己照顧好。長大以後，即使沒有遇到適合的對象，也能讓自己活得很光彩。很多時候，孩子在性格上的扭曲，都跟父母有關。有些父母親彼此關係不好，反而想從孩子身上獲得某些彌補。

在一個關係和諧、有愛與和平的家庭裡，更容易培養出一個孩子的祥和心靈。如果說，我能給我的孩子什麼，我最想給她們的就是祥和的心靈，讓她們能找到內在的和平，然後從這樣的基礎上去發展自己一生的志業。這也正是我一直在追求的。

我的母親有很多情緒，而且起伏很大，我在她鋪陳的環境中長大，承受了很多。在這一點上，我一直不想跟母親一樣，但很多地方，其實我也跟母親一模一樣。

在上了那麼多的成長課程，並看到 Bob 與家人的互動品質及家庭氣氛之後，我很有意識的經營我的家庭生活跟情感關係。

可以說，以前的我沒什麼家教，現在，我希望我能創造出好的家庭氣氛，並且從自己做起，給孩子好的影響，讓她們能在自己的生命裡找到平靜與祥和。

當孩子能在內心找到平和，連結到自己的內在力量，她們也就更能自我調適，面對生活時能就事論事，有餘裕去品味生活的細節。無論外在世界如何波瀾起伏，她們都能以安穩的態度去開創自己的燦爛人生。

看著一個將你帶到這世上來的人離開這世間，那過程，實在不是悲傷兩個字能形容的。更何況，母親，是我從小唯一確信擁有的人。

她的離開，像是把我的生命撕裂開來，撕裂的過程和痛楚就像深入靈魂深處的割捨。然而，即使是在這樣令人感到脆弱與哀痛的過程中，母親還是送了一份大禮給我。

繼父過世之後，母親在美國又回復單身。她活力十足，不甘寂寞，常常跟她一些年輕時代的女友出去玩，跳舞、認識一些新朋友。因緣際會，她認識了 Bill。

Bill 是在 NASA 太空總署工作的電腦工程師，相當聰明，人也長得一表人才。這一點我倒是像極了媽媽，在我所交往的異性當中，五官端正總是吸引我的前提。

他比媽媽大一歲，兩個人個性都很倔，在一起時會不時拌嘴、鬥氣。常常看到他們兩個人吵到吹鬍子瞪眼睛的，要不是我的心夠定，還真難逃他們的情緒波及。即便如此，他們還是挺珍惜彼此，畢竟兩人都已到了遲暮之年，能夠相遇、相處，在生活上彼此有個照應，總是一件難能可貴的好事，尤其在母親發現罹患癌症之後。

人說患難見真情，平常他們兩人不時針鋒相對，說話互嗆，沒想到，到了這個時候，Bill竟然對母親不離不棄，甚至向母親求婚。

當時母親打了越洋電話給我，想要探詢我的意見。我聽到Bill的提議，深受感動，對母親說：「媽，你不需要我的同意，只要你開心就好。」她多多少少會懷疑自己的魅力，擔心對方另有他想。但是，我一再要她放心，讓她好好享受她該有的幸福。

其他的擔憂，我告訴她，只要到律師那裡，把遺囑交代清楚就可以了。

母親這輩子遇到的男人，始終讓她覺得難以信任，她內心一直渴望著有個愛她的男人出現，成為她感情的依靠。任誰都沒想到，當她的生命就要逼近終點，在看似最不可能再度走入婚姻的時候，她卻遇到這樣一個人，如此斬釘截鐵、毫無畏懼與猶豫，只為了愛她，而向她求婚。

Bill說一旦結婚後，她就能以他妻子的身分，享有最好的醫療照護，他希望媽媽好好養病，不要為錢擔心。這時他們已經交往了整整五年的時間。

母親渴望愛情的春天，渴望了那麼久，失望了那麼多次，春天雖然來得遲，但春天終於還是來臨了。

這，彌補了母親一輩子最大的遺憾。

初戀情人另有未婚妻；我的生父在她懷著我的時候離去；嫁的老公並不是為了愛，而是為了把我帶回美國……，這一條感情路，她始終走得踉蹌又坎坷。

此刻甜美、踏實的心情，其實是她在談第一次戀愛時就深深渴望擁有的幸福，尋了四十五年，今天，她終於嘗到了。

Bill真的很不容易，媽媽生病的這段時日，他一邊工作，一邊擔負起照顧母親的大小事務。平常，Bill脾氣很拗，但是照顧人卻非常細心、有耐性，有他在母親身旁，比我照顧母親要更加周到多了。也因此，雖然我是母親最親的人，但關於醫療上的任何想法，我完全尊重他們兩人的決定。

Bill選擇上早班，平日早晨四點半就起床上班，下午兩、三點鐘下班。這一段時間，他們讓我見識到了愛情的堅貞與偉大，不要說我媽媽剛開始的時候不敢相信，連我也覺得不可思議。他，真的是個好人。

老天爺在這一刻，幫我上了生命最珍貴的一課——這個世界上，真的有好男人。

母親住進加護病房後，我經常往返醫院陪她，這段期間我的情緒起伏很大，只要一想起母親可能隨時會離開我，就會讓我掉到萬劫不復的深淵裡。

還好，這幾年來全心投入了身心靈的探索，也不斷學習情緒管理的藝術，一路走來所有的努力，似乎都是在為我預備接下來要面對的生命難題。

我身邊總會帶著幾本關於提升意識的書。因為當時的情緒與思緒難免會被眼前的生離死別拉到谷底。而我也知道，此刻我唯一能做的，就是保持覺知，陪母親度過她生命最後一段的里程。

有一天晚上，我手裡抱著《與神對話》睡著了。起床時，隱隱約約聽到 Bill 準備上班的腳步聲。一起身，看到鏡子裡腫脹的眼睛，我想起昨晚我又哭著睡著了。不想讓 Bill 看到我哭紅的雙眼，我繼續躺在床上，等到聽到他的車子從車庫離開後，我才慢慢的起床梳洗。

走到廚房，看到眼前的這一幕，突然我的心整個爆裂開來，深受感動。

Bill 居然為我準備好早餐後才出門。他在餐桌上放滿了我愛吃的早餐，一樣都不少。我愛吃的特定麥片、我愛吃的全麥麵包、咖啡罐、糖罐、奶精罐、奶油、花生醬、果醬、盤子、馬克杯、刀叉、小茶匙，每一樣都顯示了他珍貴的愛。

他如此貼心對待，不只讓我對他充滿感恩，同時也讓我看清楚老天爺一路來的疼惜與安排。此刻的我完全崩潰，跪倒在地，除了感恩，還是感恩。我整顆心、整個人，被濃烈的愛與感動籠罩，我放聲大哭。

除了感謝老天爺的安排，更感謝老天爺讓我看到自己的幸運。有多少人活在神的眷顧裡，卻無法體悟到自己的幸運。而幸運的我，懂了。老天爺、存在、神，是深愛我的。

我明白了。

早餐桌上的瓶瓶罐罐，在煦煦的晨曦中顯得如此恬靜，我感到自己是如此受到生命的眷顧，如此受到呵護，這一股力量一直都在守護著我，疼愛著我。

即使是在母親生重病這樣艱巨的時刻，祂都派了一個天使來，不但替我分擔這麼龐大的沉重壓力，同時還如此細心的照料我。

母親就我這麼一個孩子，如果不是有 Bill 在，幫忙照顧母親、挑起種種大小醫療事務，我一個人，加上台北還有兩個小孩要照顧，一定沒有辦法承受這樣的奔波與勞碌。

我竟然如此幸運，能在這樣的時刻裡受到如此的善待。我心裡劇烈的湧出一陣又一陣的感恩，對神、對 Bill、對母親的感恩，對什麼都好，我感到自己的存在是如此受到疼惜，如此不可思議。那股照護我的力量，是如此無微不至，是如此深深連結著萬事萬物。

這是我生平第一次瞥見神，感受到來自神的巨大的愛。這樣強烈的感動，出現在我面對至親倒下的時候。

當時，不只是母親生病的事實對我的打擊很大，面對美國龐大的醫療體系及種種我不熟悉的事務，也很令我傷神。內在與外在的壓力都很大，還好有 Bill，他對母親的愛，他對母親的全心照顧，貼心幫我們爭取醫療資源，讓我們能穩定安心的走過這段路程。

而遠在台北，則有 Bob 照顧著我的兩個寶貝。

我感謝的不只是我眼前擁有的一切，我更感謝老天爺讓我經歷了這種至高無上的感恩心情，對我來說，那就是神性充滿。

Bill的存在，還有對神的瞥見，這是母親、也是老天爺送給我的一份大禮。

自己先靜心，再把福氣傳給她

母親臥病在床的那段時間，生命的燭火是這樣搖曳不定，沒人知道這盞火何時會熄滅。跟母親相處，我非常克制自己的情緒，盡可能在壓力大的時候讓自己平靜下來，希望能把自己最好的一面呈現在她的面前。但是，有時面對母親強烈的情緒起伏，難免還是有擦槍走火的時候。以往，不開心我轉頭就走，但這些時日，因為深怕母親隨時會離開，我盡量寸步不離。

有一天，我與母親又掀起了一場戰火。這似乎是我們兩個之間最熟悉的方式，雖然看似無情，但在那交鋒的當口上，我們的愛顯得格外劇烈且真實。

我幫母親梳頭，她一如往常嫌我：「好痛好痛，那麼用力，是想把我弄死嗎？」

我可以想見，那樣虛弱的身體一定更加敏感，也會讓她比以往更焦躁。但是，我已經很小心了。

一如往常，她又開始對我嫌東嫌西，不滿意我的作為；而我也不知道怎樣做才能讓她開心、讓她舒服，這樣做不對，那樣做也不對。兩個人的脾氣，經常讓氣氛僵在那裡。她的不耐煩讓我想即刻放手，但是她又堅持一定要我繼續，不願意其他人幫忙。我要放手，她不肯；我繼續，她又超級不滿意。

聽她這樣抱怨，我忍不住生氣的回嘴：「你這麼壞，我不幫你弄了啦。」

母親又說：「我都是要死的人了，你就不能對我卡好一點。」

從她口中聽到死字，是如此刺耳，我的心再次撕裂。她故意用這麼殘忍的字眼，是想要強迫我用她的方式才肯罷休。我以同樣殘酷的方式回她：「就是因為你快要死了，才要跟你說清楚，你難道不能心平氣和一點嗎？不然，你這樣會去哪裡你知道嗎？這種脾氣，去另外一個世界，不怕會被電？你幹嘛要這樣氣噴噴的死？」

死亡就在眼前，跨過那個點，我們就陰陽兩隔了。這樣看似一如往常的鬥嘴，在生命終點隨時有可能降臨的時刻，卻是如此不平常。

我好強，母親也不甘示弱。我要死了，你要死了。這樣粗魯、這樣衝的話語裡，夾帶著我們母女兩人一起面對死亡的現實，這時，我知道我們兩人的心都在淌血，面對死亡我們真的不知如何是好。

這麼多年來，我們兩個面對壓力時，講話就是這樣。要我們突然改變，用溫情、感傷的方式表達，此刻對我們來說似乎都很困難。

當時為了紓解自己的情緒，我讓一個阿姨陪著她，然後轉身奪門而出，找個地方好好痛哭了一場。我真的不知道該如何幫她。

過了半個多小時，我回到病房，看著媽媽消瘦的臉頰，我握著她的手，跟她道歉，而她謝謝我這一路以來對她的照顧與包容。

這次是我們母女兩人這一生中，最後一次爭執。

母親會去什麼樣的地方，我們都不知道；要如何面對這樣的處境，我們也不知道。在生命終點隨時可能來到的時刻，能夠這樣一如往常的鬥嘴，反而如此的令人心安，讓人在充滿不確定與未知的狀態中，感受到自己實實在在、真真實實的活著。

回想母親過世前的一些片段，我深切感覺到在母親辭世前，我們彼此是受到祝福的。

還記得那段時間在病床邊陪伴母親，到了最後幾天，除了看著她躺在病床上，我不知道自己還能再做些什麼。有一天，看著熟睡中的母親，我心裡想著：「媽，我現在還能為你做些什麼？」

當下我想到，自己在靜心時，總能夠體會到很深的祥和與喜悅，那我就來陪母親靜心好了。於是我把手放在母親的腳底板，閉起眼睛開始靜心，讓愛充滿我整個人。

我全心全意傳達我對母親的所有祝福，如果說我在生命中，一直相信自己是個有福氣的人，在那一刻，我就想著我要將我所有的福氣全都送給母親。

我並未留意我這樣陪母親靜心了多久的時間，我只知道當母親醒過來時，她看起來好開心、好歡喜。

那時候 Bill 也在，母親對我們說：「你們知道嗎？我剛才從那面牆飛到這面牆，好像都沒有阻礙，我就這樣飛來飛去，飛得好遠後又飛下來。真好玩。」

「如果死是這樣，我一點都不怕，我好自由啊。沒有身體的罣礙，一直在飛，沒有擔心，沒有痛，我就從那裡衝到這裡，飛到哪裡都可以。我好開心，好自由。」

Bill 說：「你看你媽，她的眼神跟笑容像極了一個五歲小孩，活力十足。」

母親的這個經驗，不管對我或對她來說，都好重要。

有了這樣的經驗，面對死亡，她也許真的可以沒有恐懼，這比我們想方設法、費盡唇舌安慰她關於死亡的任何說法，都要來得有用多了。

我無從解釋其中的奧祕，我只是安靜坐著，握著她的腳，想著我心愛的媽媽，祝福她，無限的祝福……

這次經驗，讓我更加相信全心祝福的力量，這樣的結果，是我無法用頭腦及理智來評估與理解的。

在母親生命的最後一個禮拜，很奇妙的，我們都有一個感覺，在一種淡定的力量中明白——生命就是這樣了。

這種很奇妙的明白，是份禮物，讓母親能夠在意識還清楚的狀態下，好整以暇的與這個世界告別。

在這個禮拜裡，我開始打電話給母親生命中最重要的幾個人，她的兄弟姊妹、幾個好朋友。當然，母親也和父親通了電話，還有奶奶。在電話中，母親向我的父親道謝、道別。最後我聽到母親說：「I'll always love you.」

那是一個圓滿的結束。自始至終，母親都沒有埋怨他。

能有這樣的機會，向生命中重要的關係人一一道別，讓母親沒有遺憾，不會覺得還有什麼事是來不及結束的。

生命的盡頭就在眼前，在這樣的時刻裡，我們都知道，還能做的也不多了。

或者說，其實也無法再做什麼了。我們該盡的努力，都已盡了。

在這樣看似被動等待的時光裡，能夠有機會向這一生陪伴過我們的人說聲謝謝，感謝他們陪我們一同體驗與創造過這個人生，就是個完美的句點。

這樣的告別雖然簡短，沒有多戲劇化的內容，卻有著許多無法形諸言語的心意流動著。
我陪在母親身邊，聽她講著一通又一通的電話，在那些平凡無奇的話語裡，我聽到的，不是不再相見的遺憾，反而是無限的感恩，以及帶著盼望和祝福的交棒與鼓勵。
那些話，聽起來與平常無異，話語裡卻透露出：我就要離開人世了，但你要好好活著，要珍惜生命，要讓你還活著的時光日日是好日，同時要珍惜身邊所愛的人跟愛你的人。
人之將死，其言也善。
母親生前，多多少少會嫌棄一些人，比方說：「你看那些泰國仔，沒水準。」雖然不是對外人說，但是這些話卻表達了她高傲的心態。既然小時候教我不能瞧不起別人，為何又把這樣的話掛在嘴邊？這些聲音聽在我耳裡，相當刺耳。
那些母親以往瞧不起的墨西哥人、越南仔、菲律賓仔、泰國仔、鄉下人，卻是在她臨終病榻前幫她清洗身體、按摩、拿藥、照顧她，打理一切的醫護人員或工作人員。
這會兒，她都懂了。
最後的那些時日，只要有人來看她、幫她換藥，她再也看不到膚色、種族的差異，她總是帶著微笑道謝：「Thank you , you are my angel.」
這一句「你是我的天使」，同時也讓我看明白了——我要感恩，我不要等到長日將盡時，才擁有這樣的平靜與體會。

這會兒，我也懂了。以往我也認為母親沒水準，不是嗎？其實，我自己也一樣。我憑什麼怪她？

老天爺，謝謝你，我懂了。我的傲慢徹底瓦解，因為我親眼目睹了感恩的力量。

死亡，生命的大限。在這堵看不見另一方的高牆前，我們更能回頭看到生命原本具足的光芒，以及「活著」的無限榮耀與福氣。

沒逼近這大限時，人們會嘆道：「人生是苦海。」但當大限臨頭時，人們往往會發現光是活著，什麼都不做，只是靜靜待在當下，一呼一吸就是幸福。

母親在生命走到盡頭時，她的確明白了這一點。

因為，她留給我的遺言就是：「I am so happy!」

我從小看著她有那麼多怨、那麼多不滿、那麼不開心，可是她臨走前，卻說她好快樂。

母親的這句話一直迴盪在我心裡。

身為母親生命中最重要的親人，聽到她的遺言就像在安慰我：「孩子，你做得真的很好，我沒有遺憾了。」

這麼多年來，我參加成長團體、靜心課程，我一直努力的，也只是為了讓自己時時刻刻都明白，生命原本就是喜悅的、快樂的。

而如今，母親在走到生命終點前，她也明白了。甚至，她還將這句話留給我，做為提醒與祝福。

母親的遺言提醒我，活著的每一刻，都要讓自己的心胸開闊與寬敞，「我好快樂」這樣美好的領會，我要延續下去、實踐出來，而不必等到最後時刻才有所感悟。

我承諾過要走在愛的道路上，此後無論遇到什麼事，只要想起母親的遺言，我就更能堅定的去化解小我的執著，讓自己快樂起來。

我必須信守承諾，因為母親臨終前，我請她放心，我告訴她，我一定會把她最心愛的女兒照顧好，絕對不會讓她受到任何委屈。

離開人世前，替自己寫下完美結局

母親的遺言不只是一種體會而已，我也見證著她把這輩子的羈絆與制約真正放下了。

母親一生最掛心的人，就是我。

母親死於癌症是在我遇到 Bob 之後的兩年，依照醫生的判斷，癌細胞腫瘤開始形成，大約就是在我遇到 Bob 的那段時間。

母親脾氣拗，真的活得很辛苦，常常一些微不足道的事情就攪得她心慌意亂。如今，她累了。她真的無法跳脫自己心性上的紛擾，她想離開了。

正如 Bill 所觀察到的，Bob 是母親此生追求的理想對象典型。有 Bob 在我身邊，母親可以說再無牽掛了。我感覺得到，母親對我的愛是無比浩瀚，她已經為我在這個世界上撐得夠久了，此刻，她可以放心走了。而母親生病之後，能有 Bill 深情相伴，更是讓她了無缺憾。

她一生最深的傷，是她心上的情傷。母親對感情的渴望，可說是她生命的主軸。她一次又一次在情感上挫敗與失落，但一直很勇敢。在她成長的年代，許多人的婚姻都是憑靠媒妁之言，可是母親卻不甘受傳統思維的限制，堅持追求屬於自己的幸福。

即使受傷，即使失望，她勇敢談了一場又一場的自由戀愛，不在乎旁人的眼光，也堅持自己的想法，她最在乎的是跟她在一起的男人是不是尊重女性。

命運是如此不由人，但她堅持要活好自己能掌握的部分。

在母親就要離開人世之前，有一個很美好的故事。對照她的前半生，讓我為母親感到欣慰，以及佩服。

母親生病之後，有幾位多年不見的好友相繼飛來洛杉磯看她。當時我人在美國陪母親，有個從小看我長大的阿姨前來探望母親，她的先生以前跟我繼父在同一個單位做事，四、五年前也同樣因為罹癌辭世。她在我們家住了一個禮拜，看到 Bill 全心全意、無微不至的照顧母親，不禁感嘆：「這種男人真是稀有，我也希望自己能遇到這樣的男人，但不知要到哪兒才找得到。」

我聽了就回答：「有啊，就是 Bill 啊。」

阿姨很緊張，她說：「怎麼可以這樣，不行啦，她是我朋友的先生。」

我說：「等我媽走了，他就不是任何人的先生了。」

那時，母親的病情已經到了很後期的階段，我跟母親無所不談，常常談起關於她離開人世後的一些狀況。

講起 Bill 時，母親不禁說：「他以後如果交女朋友，我會吃醋喔。」

我趁機對母親說：「媽，你在病床上，Bill 這麼照顧你，你覺得很感動。那你走了以後，如果他也生病了，你難道不希望也有人像他照顧你這樣照顧他？」

我又打鐵趁熱，繼續勸說母親：「他對你這麼好，你走了以後，你應該要祝福他，希望他也能找到對他很好的伴侶才對。」

我媽聽了便說：「對啦，這樣也對啦。」

然後，我便對母親提起了我跟那位阿姨的對話。Bill 的出現與所作所為，完全推翻了母親這輩子對男人的印象與評價，他不僅讓母親真實感受到了自己是值得愛的，也真的獲得了一份真愛。

這麼好的男人真的難能可貴，我全心祝福他，也希望母親抱著同樣的想法。最後母親也的確希望 Bill 跟阿姨都能過得很好，而且還以自己能有如此豁達的心胸為榮。

母親往生後，我遵照母親的遺願，將我們在美國的房子留給 Bill，直到他搬走為止。後來他退休後，就搬到阿姨在美國中部的家，在我跟母親的祝福下，十多年來感情一直非常穩定，也經常來台北看我們。在我的女兒心中，他們就是親愛的外公跟外婆。

當時，我這樣的做法，多多少少會引來其他不同的聲音。但我的想法很單純：我深愛我的父母親，我希望父母親開心，就必須放下一些約定俗成的想法或社會的制式觀感。我不在意外界的人如何看待我的決定，我只是全心全意去想，什麼是對我所關心、所愛的父母親最好的選擇。

這個真實的故事，即使是妙筆能生花的小說家，可能都寫不出這麼完美的結局。

或許可以說，這不是偶然發生的。

在母親步入人生的終點前，生命給了母親一個機會，透過自己的祝福寬恕了自己年少時不經意心動的戀情，也在生命結束前開啟了一對有情人的善緣。

面對即將去世的朋友，說什麼最恰當？

母親在世最後的時刻，我在她身旁，可是她要往生的那一剎那，我卻錯過了。

那是一九九八年十二月二十二日晚上六點多，母親等著 Bill 下班來看她。Bill 進來病房後，看到母親開始咳嗽，就主動要幫媽媽抽痰，Bill 不希望我看到母親抽痰的樣子，要我到病房外候著。

我跟 Bob 兩人就在醫院走廊上等著，沒多久，我就看到 Bill 從房裡衝出來，我一看到他，就知道情況不好了。

我一進病房，就看見母親兩隻手抓著病床扶欄，有些人走時的面容很安詳，但母親不是，她的手緊緊抓著不放，似乎希望能繼續留在我們身邊。

奇怪的是，我跟母親這麼親，可是那當下我就是不敢去碰她的身體。為此，我充滿了強烈的罪惡感。後來，我還因為這個狀況做過好幾次心理諮商。

回想當時那片刻，好像我腦海裡有聲音在告訴我，如果我碰她，她可能會更捨不得走。那些聲音是來自我受到的宗教制約，比如不能哭、不要留她，要讓她一無牽掛離開。

而對於她離世時，我不在她身邊，我也充滿了自責。

但是，或許母親往生的那一剎那，我正好不在房間，不是湊巧，而是必然、必須。我可以想見，如果我在她身邊，她會有多麼不捨，而我又會多麼不忍。如果我一直待在房裡，她的掙扎將會有多劇烈。

因此，母親就在我離開病房那短暫的幾分鐘，告別人世。

這讓我相信，有時候因為彼此連結太深，往生的人反而會有所罣礙，無法安心離開。這樣想，不僅能安慰我沒有見到母親最後一面的遺憾，同時也能讓我放下當時無法碰觸她身體的罪惡感。

就算做了再好的心理準備，當生死兩隔這個分界點到來時，衝擊還是相當巨大。死亡，就像是一把巨斧，將我與母親的時空連結斬成兩半，頓時之間感受到的那股失根的衝擊，是我這輩子未曾經歷過，也難以言說的。

無以名之的悲傷就這樣整個湧了上來，讓人毫無招架之力。

《最後的演講》一書的作者寫到，有人問克里希那穆提，面對即將去世的朋友，應當說些什麼最恰當。

克里希那穆提回答：「告訴你的朋友，他一旦去世，你的一部分也會因此死去，隨著他離開世界。不論他去什麼地方，你也會跟著他去，他絕對不會孤單。」

當母親離開這世界時，我的一部分的確也跟著母親一起離開了。

而我，也深切的期望，這真的可以讓母親不會感到孤單。

有一天我走了，孩子你也要快樂的活著

母親走後幾天，我帶著兩個孩子去環球影城玩。

她們在美國的那段時間，哪裡也沒有去，只能窩在家裡，或者跟我一起去醫院。貼心的她們知道，對我來說，那段時間陪伴在母親身旁，比什麼都要重要。因此在回台灣之前，我想謝謝她們在那段時間那麼乖巧的陪伴我。

更重要的是，我想透過身教，讓她們知道，如果有一天即使我離開人世了，她們還是要好好的、快樂的活在世界上，並且懂得感謝身旁的人。

母親辭世後，我的確非常悲傷，家人也都能體諒。但是，那是我的悲傷，她們不需要跟我一樣，讓哀傷籠罩整個世界。我真心希望我的孩子能夠明白，即使是她們的母親離開了，她們就算再怎麼哀悼、悲傷，還是可以開開心心把日子過得安逸舒適，不要否認自己有幸福快樂的權利。

而且，千萬不要忘記那些依然留在你身邊的人。

母親的形體已經離開人世，但是每一次我抬頭看天上的白雲，就會感覺到她跟我同在。每一次我思念母親時，很自然的就會抬頭看天。我的心，就這樣安定了下來。

母親生前在病榻上曾很擔心的對我說：「等我去到那邊，又沒辦法打電話給你，要怎麼告訴你我的狀況，怎麼把訊息傳給你呢？」

我曾經聽人說，人往生後，經常會回到他所愛的人身邊去看顧他、守護他。無論這是不是真的，我都寧可信其有。

事實上，有一回我剛起床時，就曾經很清楚的聽到了母親的聲音：「我很好，你不用煩惱，我在的地方很好，你不用擔心。」我也在夢裡見過母親好幾回，都是她十八、九歲的樣子，灑脫開朗、漂亮極了。

思念母親，不見得都懷著悲傷的心情，更多的是感動及心疼。

對我來說，她絕對是一個百分百負責任的母親，在母親這個角色上，她扮演得稱職而鮮明。就算我跟她再怎麼處不來，都很清楚母親對我的愛有多深。

母親是個勇敢負責的人，年輕時就勇於脫離寄人籬下的生活，靠自己的力量過日子；也為自己的決定負責，含辛茹苦獨力將我扶養長大，甚至對父親沒有任何怨言。

母親也是一個充滿好奇心、勇於嘗新的人，她知識水準不高，可是她敢到語言不通的美國人家裡工作，學到一口洋涇濱英文，還跟著別人學跳舞，參加 party，享受生命。

母親也是不受傳統思維限制的人，她在愛情上不管受過怎樣的傷，都還是勇於嘗試，勇於追求，想要找到她這輩子做為一個女人的幸福。

今日我敢於叛逆、堅持走自己的道路，這樣的勇氣都是拜母親所賜。

我為母親這輩子的勇敢與承擔而感動，也心疼這樣的母親，那樣的性格活在那樣的時代，注定要受不少苦頭與委屈。

你是天頂的雲，自由自在的飛

母親剛走的那一陣子，除了悲傷，我還有著擔心與牽掛。但有一天，我在祈禱中突然有所領悟，於是在心裡對母親說：「我覺得我擔心你是白擔心了，因為現在你跟神在一起，比我更接近神，我還擔心什麼。」

母親生前曾對我說，她離開這世界之後，一定會保祐我。

這是我們的一段對話：「媽，你最疼我了，如果你往生了，你要保庇我喔。」「當然，我最愛你，不只是我，我一定會叫眾神甲你保庇，你一定會越來越好。」

事實上，我的生活在母親過世之後，的確越來越順遂。我深深相信這是母親的力量一直伴隨著我，即使她的形體已經不在，但她對我的愛還是如影隨形。母親真的信守了她的承諾。

我知道母親仍活在我身上。她就是我身體的一部分，我身上有一半的基因來自於她，所以她沒有死，她的愛也沒有死，不可能死。

她跟我一起活著體驗生命，體驗活在這世上「我好快樂」的感覺。

有好多東西，母親在生前還來不及體驗，來不及學習，透過我，因為我學到了，我做到了，我相信母親也學到了、做到了。母親的生命還會隨著我一直改變，一直成長。

我將繼續朝著一個更健康的身心靈方向走去，我知道，母親的生命也會隨著我而更加健康，更加有智慧。

這幾年我回學校繼續攻讀博士學位，我覺得母親也跟著我一起完成這件她生前就希望我能做到的事。

我跟母親的關係在每個階段都不同，現在，我覺得母親隨時都在我身邊。

而且，這不只是一種模糊的感覺而已。

我們之所以害怕一個人離開，往往是因為害怕我們再也感受不到對方對我們的愛了。而我，不只一直感受到母親的愛，甚至我還覺得我們之間的愛一直在進化中，一直在提升中。

二〇〇八年，我出了一張專輯《愛的嘉年華》，裡面有一首歌〈祝你自由自在〉，就是在紀念母親時我寫下的詞：

你的形，是天頂的雲啊，自由自在的飛。
你的影，是微微的風啊，無所不在、無所不在的看顧阮。
阮的情，像無形的雲啊，濛濛渺渺不定。
阮的心，像無影的風啊，不願放你、不願放你化作雲海。
感謝你，用心對待，母子情分，天了解。
你一生的期待，一生的無奈，甘有放呼自在。

感謝你，用心對待，你的形影映世界，
美麗的色彩，化作阮的愛，祝你自由自在。

媽咪，謝謝你，我會延續你快樂的生命，媽咪，我好愛你。
無論你在哪裡，請記住我真心的祝福，祝你自由自在。

你的心越安靜，老人家就越安定

當這本書稿快完成，我正在修潤這篇文章時，Bob 的父親、我親愛的公公往生了。

他是一位我非常敬重的長者，剛滿十七歲就娶了大他一歲的妻子，也就是我的婆婆，隔年生下我大伯，在六年之內又生下了兩個女兒，還有我先生 Bob。

二十四歲，他一個人帶著妻小一家六口來到台灣度假，接下來大陸動亂，回不去了，就此離鄉背井，獨立擔起養育一家人的責任。這一路走來，其實很辛苦。

公公年輕時便加入由妻舅，也就是華夏塑膠董事長趙廷箴先生及王永慶先生初創的台灣塑膠公司，是第一代經營團隊中的重要成員。他一向待人寬厚，一直到現在，家裡經常還有當年的員工前來拜訪他，感激我公公當年的提拔與對他們家人的厚愛。

這些年來，哥哥、嫂嫂、姊姊、姊夫都非常盡心盡力的照顧他們兩位老人家。這樣緊密的家庭結構，是我很少看到的。

近期公公因為身體每下愈況，難免情緒起伏較大。只要一有空，Bob 就會抽空回去陪伴兩位老人家，逗逗他們開心，希望能在他們身邊多盡一些孝道。

由於我自己在十三年前陪伴母親最後的那段經歷是如此刻骨銘心，我在 Skype 上總會時時提醒他要靜下心來。無論公公的情況如何，一定要定心。公公現在最需要的就是一顆能讓他安定下來的心，這是他此刻最需要的品質。

我公公非常可愛，他很怕搭飛機，只要一想到要搭飛機，就會失眠好幾天。就像許多中國人的家裡一樣，在老人家面前，大家絕口不提死亡這樣的話題，這樣的話題在婆家一直是個禁忌。現在，公公看到自己的身體越來越虛弱，其實心裡很慌亂。

我最後一次見到他，是在他往生的前一天。

他一直很疼我這個么媳婦，常常帶我去吃好吃的東西，這是老人家們愛子女最典型的表現，也因著我父親不在身邊，對於公公的疼愛，我非常珍惜，非常享受跟他在一起的時刻。

那天早上，我從 Skype 上見到他最後一面，雖然他的精神狀況還很好，但是說話已經有氣無力了。這時，我覺得我有必要提醒 Bob 要做好心理準備。

我告訴 Bob，你要放手，爸爸的身體已經撐不住了，你必須要祝福他，讓他走得輕鬆，沒有遺憾。你要從心裡放下他，他才能安心離開。當然，這對子女來說不容易，但是我不斷提醒他，爸爸會沒事的，每一個人最終總要面對這一刻。我們不能因為自己的不捨，自私的一直拉住他不讓他離開。

Bob 雖然不捨，但是他把我的話聽進去了。

在這之前，我也經常提醒他，多跟公公談談他小時候家鄉的情形，讓他的心可以安定下來，連結那些已經往生的親人。奇妙的是，的確每次跟公公談談他的童年往事之後，他就平靜、安詳了許多。

那一天 Bob 一整天都陪在公公旁邊，晚上也都在陪他入睡後才跟我在電腦前談一天發生的事情。

這一晚，有了氧氣設備在旁邊，公公睡得很安穩。

隔天早上發現公公血壓越來越低，他們決定讓救護車送他到醫院，希望用更好的醫療設備照顧他。安排好了病房，醫生、護士沒隔多久就會來巡視，每次進來就問：「你有哪裡不舒服，有哪裡痛嗎？」公公總是很安穩的搖搖頭。

公公一向喜歡大型狗，剛好有一隻大狗從眼前經過，這是他這幾天來說得最有精神的一句話：「你看，好漂亮的黃金獵犬。」

公公手上插著點滴，臉上帶著氧氣罩，折騰了一天，這會兒終於安詳的睡了。Bob 跟二姊準備回去跟婆婆吃個晚餐，讓她了解公公的情況，順便拿些盥洗用具，晚上再回來跟二姊夫換班。

晚飯後，Bob 跟二姊很快回到醫院。這時，大約是晚上十點多，公公已經被轉往加護病房。Bob 說，他們一踏進房門五秒鐘，儀器上的心跳訊號就停止了，公公的心跳停了。

這時，Bob 在公公的耳朵旁邊輕輕說：「爸爸，謝謝您一直把我們跟媽媽照顧得這麼好，讓我們擁有一個這麼健康的家庭，也謝謝您把我們四個孩子照顧得這麼好，您是全天下最好的爸爸。您看看這些子孫們個個都這麼優秀，這都是您的功勞，謝謝您。請您放心，我們會把媽媽照顧好，都會有人輪流陪她。現在觀音菩薩會帶著您，您就跟著光走，一切都會很好的，您放心。」

「我們真的好愛、好愛您。謝謝爸爸。」握著公公的手，Bob 在他耳邊不斷重複這幾句話。

大約五分鐘過後，公公的心跳回來了，他的心跳了十餘秒後，就此停歇……醫生跟護士驚訝的看著眼前這一幕。公公似乎用他的心跳告訴他的兒女們：「謝謝，我聽到了……」

在 Bob 打電話告訴我公公走的消息前，我正在睡午覺，夢中有個人在我門前徘徊，我打開房門，但門鎖壞了，夢裡的我心想：「東西用久了，就是會壞。」

電話那頭，我聽到 Bob 平靜的跟我描述整個過程，我安慰他說：「這是你給爸爸最美的禮物。爸爸必須要知道，他走了，你們都能繼續好好照顧自己，也會照顧媽媽，這樣他就沒有後顧之憂了。同時，你也讓爸爸很安心、驕傲、滿足的離開，此刻他什麼也帶不走，唯一能帶走的就是心靈上的平靜。你們做子女的對他的敬重，就是他這輩子最大的安慰與驕傲。」

「還有什麼比帶著這些話離開，更有價值，更滋養，更圓滿，更心安呢？」這是個最完美的結局。

後來我們在 Skype 上談了很長的時間，我們的小女兒一直陪在 Bob 身邊，他美國的兩個孩子也連夜趕去陪他。這個時候，家人的陪伴，最能穩定這種痛失親人的傷痛。

我一直要 Bob 靜下心來，穩定下來，讓悲痛自行流動，不要壓抑也不要強化。我讓他想想身邊的親人，不能因為自己不捨的情緒而影響公公的安寧。我陪著他好好讓感恩的眼淚盡情的流，把心打開接納自己的情緒。

他不知道該不該告訴已經九十歲的婆婆，他擔心她可能承受不起這樣的分離與失落。我告訴 Bob：「你隱瞞不了，他們的感情如此深厚，哪是你三言兩語能隱瞞得了的。媽沒有那麼脆弱，她有你們的陪伴一定挺得住的。尤其是，如果她知道爸爸走得如此安詳，一定會很安慰。」

我要他把心靜下來：「媽媽此刻最需要的是你安定的心，如果你心慌了，她老人家更不知道該怎麼辦了。你的心越安靜，她就越安定，越能接受這個事實。」

同時我也要他想想，爸爸最希望的結果是什麼，你要幫爸爸的忙，達成他的心願。

Bob 後來轉述，婆婆剛聽到消息時很傷心，但是很快就平靜下來了，只說她怕孤獨。不過他們兄弟姊妹早就商量好了，今後將會輪流照護她。Bob 還跟婆婆說：「爸爸以前身體不好，不喜歡出門，今天下午我們請你出去喝咖啡吧。」婆婆好不容易笑了，說：「好，那我請客！」

Bob 感謝我能提醒他要靜心陪伴，他們一家性子都急，能如此安靜、平穩的度過喪親之痛，他確實感受到內心無比的力量與祝福。

這麼多年下來，我常常提醒他定心的重要，因此他常常在晚上睡覺前會坐在床邊安靜個十來分鐘。此刻，在這樣重要的時刻，他更清楚看到自己的內斂與沉穩。這樣的品質，其實是我們每個人心中都有的最大財富與智慧。

Bob 安定了，公公就安定了，否則面對死亡是多麼讓人恐懼。

Bob 安定了，婆婆就安定了，否則面對七十年恩愛的老伴辭世，多讓人沮喪。

父母安定了，做子女的也自由了。

感謝這個世界上，所有試圖想讓這個世界更安定的每個人。因為你們的定，才讓更多人看清楚、體會到「愛的浩瀚與偉大」。

死亡雖然讓人害怕，但是許多生命的精髓與智慧，就蘊藏在它深不可測的奧祕裡。謝謝老天爺，在幾次跟死亡如此靠近的經驗中，讓我看到生命的真相。

我要在有生之年，好好的愛這個世界，以免往生的時候空手而回。我真的好愛這個世界啊。

如此深的生命體悟，我也不知道該謝謝誰，這樣吧，乾脆我就謝謝大家好了！

此刻，腦海裡冒出了一句我經常說的話：「不愛人，就不可能愛神。」

結語

回家，才有富足人生

我的感謝與祝福

我現在活在自己打造的夢裡，一個很美好、很快樂也很滿足的夢。

每天，我都會跟 Bob 通上好幾次電話。有時，我人在外面，他會打電話來說，他已經幫我準備好沙拉了，等我回家吃飯；有時，我人在家裡，他也會打來問，需不需要順道幫我帶點什麼回家。光是這樣日常貼心的問候與關懷，就令人心懷感激，令人感到幸福與美滿。

兩個女兒貼心、懂事，而我自己也做著喜歡且渴望的工作，把握各種機會與人分享生命經驗，每天都活在對存在的感恩當中，喜悅如泉水不時湧出。

現在，無論活在任何一個時刻、無論當下發生什麼樣的狀態，我都能保持開放的心，願意去體驗、去經歷、去品嘗。

走過二十多個年頭的內在之旅，為的正是要回來經營生活、享受生活、慶祝生命。

系統排列大師海寧格（Bert Hellinger）說得好：「日常生活就是我們的全部，沒有什麼會超出這個範圍。所謂的『日常生活』就是洋溢著生活的每一天，它將會無比豐盛，只要我們如實的生活，全然的生活；帶著所有的關注、全然的愛與喜悅。」

過去，心裡有諸多罣礙也不明究理，即使知道要活在當下，卻不見得能做得到幾分，碰到不愉快的事情，總會被糾葛雜亂的思緒給帶離開活生生的當下。

現在，心結打開了，便很容易跟一切萬有互相交流，體悟生命的豐盛。其實所有的美好就在眼前的片刻裡，只等我們敞開心、張開眼去看，去領受。

正如無門慧開禪師的禪詩所言：「春有百花秋有月，夏有涼風冬有雪；若無閒事掛心頭，便是人間好時節。」當我全然去經歷生活裡的一切，走路、吃飯、喝水，我所渴望的快樂、幸福與恩典，就都在其中了。

和自己的陰影做朋友

回想當年走進第一段婚姻時，我是帶著一個好大的憧憬，想要築一個、逐一個美好、不凡的夢。但那個夢，卻是如此令人心碎。

當時那個夢，和我現在的夢，有什麼不同呢？

過去那個夢，是我帶著從小累積起來、許多無意識的夢幻與無知的想像所構築的。於是，當夢裡的陰影向我撲過來時，我毫無預期與防備，全無招架之力。

而且，我一點也不明白，原來，那並不真的是在「完成夢想」，而只是將我自己渴望扮演的角色，擴大到其他人身上，要別人來配合我圓這樣的夢，演那樣的戲而已。

現在，我擁有的這個夢，是帶著堅定與踏實，很有意識的將愛與覺知帶入生活中，我和我的陰影已經可以成為朋友，甚至能夠助我一臂之力，讓更強的光明照進生命裡，讓生命成為一場喜悅的慶典。而我，也可以與他人和諧的相處，欣賞每個人各安其位的光彩，順著生命之流自由自在的活著。

從過去的夢，到現在的夢，這中間經歷了二十多個年頭的轉化。回顧這一路走來，我深深明白，要來到現在這個狀態，就得先深入過往的婚姻及原生家庭的傷痛，彷彿通過一個煉金的過程，轉化生命裡無明的一切，才能獲得今天的重生。

於是，現在，我可以很驕傲的告訴全世界，我的爸爸是全世界最完美的父親。

過去，他二十年的「不在場」，像是我生命中一個很大很大、完全無法填滿的洞。

我朝那個洞裡，丟了各式各樣我在生命裡面無法承受、不知如何理解的東西，難堪、尷尬、憤怒、無奈、悲憤、嫉妒、憂傷、無助、徬徨、孤單……我把自己在生活裡的諸多不順、不如意、不知所措、被排斥等等，全都歸咎於他的不在場、他的缺席。

在我不知道爸爸是什麼的時候，爸爸就得為我這所有不舒服與不高興負責，長期累積下來，讓我只有一個衝動，一定要把他給找出來，而且要好好跟他算算這筆帳。

找到他，看見他，所有誇張、虛幻的想像，都被刺破了。我再也沒有辦法藉由那個大洞，去逃開我在生命裡遭遇的點點滴滴，這時候，我才體會到生命真正的重量與衝擊。

當真實的父親出現在眼前時，的確把某種力量帶回我的生命裡，讓我開始照見生命裡諸多虛假的想像與認知。

有人問我，從小沒見過父親或母親，是否一定要去把他們找出來，見上一面。

我無法代替別人回答，我只能就我自己的例子來說，能真的見到當然最好，那會讓生命真實多了。畢竟，我怎麼可能真的知道有個父親是怎麼一回事？怎麼可能知道「親生」父親是怎麼一回事？又怎麼知道跟父親相處是怎麼一回事？

想像是虛幻的。即使相處時可能會有衝突，但是那卻是一份扎實的關係。就像我跟母親的爭執一樣，是如此的真實。

這些，都要從我遇到父親之後才開始。

插在心頭的那把刀，原來是個誤會

在我第一次生產時，我住到奶奶那邊，開始跟父親那邊的親人有更多的接觸。

我開始真實的去感受有父親的陪伴，是什麼樣的滋味。在一次又一次的相處裡，我感覺到我越來越愛他，那種愛與日俱增，而且還在持續擴大中。

我好喜歡我的父親，他是那樣開朗親切、堅強純樸，充滿朝氣與活力。父親告訴我，我們有愛爾蘭、蘇格蘭、捷克、英國的血統，當父親開始敘述起祖父母、外祖父母的經歷，還有我們祖先如何從歐洲移民美國的背景時，我感覺到自己好真實，也好圓滿。原來，我不是孤孤單單的，我有一個龐大的家族，以及那樣悠久的家族歷史。

我好高興找到父親，找到我生命的根，找回一整個家族的淵源。

每回想起這些，我就感到自己是被支持的、是有連結的、是有力量的，也是驕傲的。

二〇一一年有段時間，我住到父親家裡，跟他及同父異母的弟弟還有他的孩子們有了比較長時間的相處。那一回，我第一次聽到弟弟說起我到美國找到父親時發生的情形。

那時候的弟弟，還是個十五歲的青少年，受到父母嚴厲的管教。有一天，他從外面回家，發現家裡氣氛十分異常，靜悄悄的，沒有任何活動的跡象，沒有人看電視，父親、母親頹坐在沙發上，沉默無語，空氣好像是凝結住一樣。

弟弟心想：完蛋了，我闖了什麼禍嗎？於是，躡手躡腳想趕快躲到房裡，等弄清楚再出來。但還來不及閃人，父親便要他過去坐下。弟弟很緊張，不斷回想自己究竟做了什麼事，讓家裡氣氛變得這麼僵，不曉得等一下爸爸會怎麼教訓他。

坐下來之後，他萬萬沒想到面色沉重的父親，開口對他說的是：「你有一個從未見過面的姊姊，她現在從台灣來看我們了。」

弟弟一聽，真是鬆了好大一口氣，而且心裡還想著：「嘿嘿，這回闖禍的可不是我了吧！是你，這下看你怎麼辦。」他當時真的是抱著幸災樂禍的心情。

每回想到弟弟帶著幽默感，描述當時那樣的畫面，就讓我不禁莞爾。

那次住在父親家時，因為一些公事，跟台灣這邊在聯絡。有一天，我收到一封對我有些誤解而指責我的信，父親看出我的心情不太好，便關心的問了我的狀況。

我據實以告，說著說著，一些難過的情緒湧了上來，一個又一個的往事畫面浮上心頭，跟著又連結到了孩提時那種被排除在外、被遺棄的感受。

接下來，是我第一次在父親面前，誠實的說出了這麼多年來一直掛在我心上的傷痛。我說：十三歲那年，當阿姨幫我們母女找到他時，他的拒絕接納，像一把刀一樣深深的插在我的心上。因此只要一碰到被拒絕的事件，我就感受到那把留在心上的刀，不斷的扭動著。

我這樣說不只是隱喻，我的心口上真的有個很深很深的生理痛點，那是一個被遺棄的傷痛，那是從媽媽那裡承襲下來的。但是這個痛並沒有因為我見了父親而消失，這個痛點一直都在，而且很深。

我告訴他，從小沒有爸爸的那種痛，加上他不肯認我的痛，常常會在不自覺的情況下，藉著跟人的互動，特別是跟男性交往時悄悄被喚起。這件事傷透我跟媽媽的心，而這個傷口，也深深影響了我的人格發展。我第一次這麼坦白的把心裡壓制多年的脆弱與哀痛表達出來。

這時候，父親愣住了，他從來不知道有這件事，他從來沒有接過這樣一通電話。

怎麼會這樣呢？那阿姨明明這樣親口告訴我母親的啊。

阿姨的確有打過那通電話，聯絡上父親這邊。只不過，接電話的人不是他，給阿姨回訊的人當然也不是他。

當下，我們兩個都說不出話來。

他說：「我大概知道是怎麼回事了。」

他的太太在我母親過世後不久也過世了，父親說，他可以想像，如果當時是她接的電話，這必然會是她的反應。她是一個會積極保護自己的女性。

原來，有這樣大的誤解橫亙在我們中間，隔了這麼多年之後，才水落石出，真相大白。

原來，那像是一把刀子插在我心頭、感到被父親遺棄的痛，只是一場誤會。

父親根本從來沒說過這樣的話，沒有拒絕過我。

好多好多過往的畫面，在我們沉默的相望中，快速流動著。

以往對父親的恨，有一大部分都不成立了。

這一刻，我懂了什麼叫「渙然冰釋」，心中還羈滯存疑的部分，就在這一刻裡消融褪去了。我白白承擔了那麼久莫名其妙的重擔，好像是老天爺跟我開了一場大玩笑似的。

我不得不讚嘆祂的幽默。

父親雖然缺席了那麼多年，但是他的「不在」還是給了我很大的力量。對父親的嚮往，一直是我內心很大的精神支持。我努力想讓媽媽以我為榮，爸爸以我為榮。

老天爺為我鋪陳的，未嘗不是給我最寬廣的空間、最遼闊的自由，讓我不受限制的活出自己的人生。

這幾年來，曾被我以為是充滿了無數傷痛的大洞，已然轉換成無垠的空間，任我靈魂自在的舒張、擴展，讓我感到無比舒暢。

老天爺所給我的，是超越我頭腦能夠想像的。我的母親愛我，父親愛我，老天爺更愛我。如果沒有前面的苦難，我哪能感受到這麼大的落差，哪能知道今天擁有的是如此珍貴的幸運、幸福。

在這一刻，存在又送給我跟父親這一份大禮，讓我們解開了多年來無知的誤解。如果不是我的心沒有怨恨，我是不可能開口的。

當時，我真的沒有質問他的意思，我只是很單純的在談我自己的心理狀況。希望我的父親可以了解我，明白我。

我有爸爸，他沒有不要我，而且他很愛我，以我為榮。

這真是命運的作弄。但我很高興，在過了這些年之後，我終於得知這樣的真相。同時我也很開心，一切是發生在此時此刻——在我面對自己、認識自己，能夠處理內在的傷痛，學會接納自己、愛自己，還有終於也懂了生命的真理之後。

這些傷痛，是我生命淬鍊的精華；這些傷痛，讓我了解別人的悲傷；這些傷痛，讓我看見自己的力量；這些傷痛，造就了我的智慧、慈悲、豁達的心性；這些傷痛，是我靈魂提升的動力，是我最寶貴的資源……

在我的心裡，早就不怪爸爸了，我早就跟父親和解了。

但神奇的是，由於我的坦誠，我心裡的痛、生理的痛也一併消失了。

這些都是我如今跟別人分享、鼓舞別人的精神來源。

如果我的故事能激勵人心，讓別人少在痛苦中滯留，我願意再來一次。

生命的安排，真的自有其美意。

頭腦的批判不是事實；我的愛，才是真的

然後，還有，我的母親。

要談我的母親，其實，是比較難的。

父親的部分，充滿了想像。好的，壞的，就看我怎麼想。要改變，也只需要改變我的想像、我的念頭即可。但母親，卻是在生活裡，扎扎實實、難以逃脫、鋪天蓋地的真實存在。以往，我在成長團體裡，總是很少談起我的母親。她與我太靠近了，我很清楚她有多愛我，但我也很清楚跟她在一起，有多麼不舒服。

我對母親，除了愛之外，還有許多的不捨與疼惜。我沒有辦法在眾人面前，把她拿出來說。我沒有辦法，真的告訴別人，我心裡對她的想法。這裡頭，有太多真槍實彈的糾葛與矛盾。太真實、太逼近，也太大了。反而，讓我不知該從何看起、從何說起。

她的生命太坎坷，責怪她，我不忍；但要說我完全包容她，又非事實。

有一天晚上睡覺前，我跟 Bob 在聊天，聊起母親在世時，我曾有多麼忤逆她、不尊重她、瞧不起她，甚至多不喜歡她。我曾嫌我媽多麼不登大雅之堂，帶不出門，好俗氣，講話粗魯。甚至，她違反了社會的道德標準，不只未婚生子，男朋友還一個接著一個換。

這是我第一次如此坦白，血淋淋的把心裡、腦裡對母親的評價，一古腦倒了出來。

對於一個很少在別人面前數落母親的我來說，這需要相當大的勇氣。

我知道 Bob 了解我對母親的愛，同時他也非常尊敬我的母親。

整個過程像是一種對神的告解，對自己的接納。

講著講著，我發現自己在說這些時，心裡的感覺，跟過去很不一樣。

以前我絕對不會把這些想法這樣大剌剌的說出來，即使我心裡有閃過這些念頭，也很難告訴別人，我母親是這樣一個人。

以往，對於心裡有的那些聲音，我深感愧對母親，我指責自己怎麼可以如此。她是我母親，我怎麼能如此殘酷。我對這些想法，感到很羞恥、很愧疚、很難過、很有罪惡感——我怎麼可以？

但是那天晚上，我跟 Bob 說完這些之後，我竟然一點罪惡感也沒有，而且沒有難過。

此刻，我已經可以心平氣和，分辨那些只是存在我腦子裡的聲音，不是事實。

我細細的品味著這樣的釋放與接受。

在靜心中，漸漸的，我看到過去自己有這些批判母親的念頭，其實也不是故意的。我不是故意要不喜歡母親。她讓我好好受教育，要我知書達禮，但我從這世間學到的禮數與規矩中，對母親這樣出身、這類性格、這種背景的人，是有歧視、是有瞧不起的。

社會，是這樣教的。媽媽是這樣教我的。

所有我母親討厭的人、數落的人的個性，在她身上都找得到，她就是她在罵的人。這讓我相信什麼？

她自己看不明白，但是我卻看得一清二楚。

我除了媽媽之外，沒有別人教我。我所有的觀念都是她跟學校教我的。

媽媽說不要講別人的壞話，說這是人格差的表現，但她明明又常常數落身邊的人，這教我怎麼分辨？很多諸如此類的事，讓我無所適從。

過去，我沒有意識到這些，我只是很單純的接受了媽媽說的這些概念，然後，我就不自覺的把它們套用到母親身上：一個賢妻良母，一個有知識、有學問的人是如何如何，可是，她都沒有符合這些標準，她好糟糕，她怎麼會這樣講話，她怎麼會有這些舉動、做出這些事。

我讓心裡這些念頭跑著，我沒有再多加詮釋，也沒有逃避跟批判。我傾聽著，讓這些念頭說出它們的故事。

被我嫌棄的母親，以及那些被我嫌棄的部分，其實跟她的獨立、強韌、勇敢這些正面的性格，都是一樣的，這些也都跟她的出生背景、成長環境息息相關。世俗分辨了這個好、那個壞，這個性格我們喜歡、那個我們不喜歡，但這全都是她，也全都其來有自。

而嫌棄她的我，會這樣嫌棄她，也跟這世上所傳播的一切訊息跟習性有關。批評、論斷媽媽讓我好受苦。她的高標準的評斷，只是更凸顯自己低標準的行為。所有她對別人的批評，都成為我檢視她的標準。

哎，這些個性、人格與念頭，都是我們活在這世上時，必須經歷的生命一部分。

換句話說，那些標準，都是媽媽、別人、社會給的。試想，一個單純的孩子，哪能生出那些狠毒的批判？

我們要等到什麼時候，人跟人之間才能彼此疼惜？

張愛玲曾引用《論語》中的話來說，當「我們明白了一件事的內情，與一個人內心的曲折，我們也都『哀矜而勿喜』吧」。

生而為人，誰不承受著這些因果？

突然間，我很平靜的接受了那樣的她，也接受了這樣的我，也不再因為把自己的這些念頭講出來，而有罪惡感跟愧疚了。因為，那些瞧不起人的念頭，不是我的，也不是我媽媽的，那些都是人們無意識下的產物。

我可以停止了。

突然間，我也覺得什麼都可以敞開來說了。

對母親的那些負面的形容詞，對我已經沒有任何意義了。

第二天早上，剛好我要去給母親上墳。在媽媽墳前，我敞開心懷，對媽媽說：「媽，我很不喜歡你呢，這樣講，我也沒有罪惡感，不好意思啦，我也不知道為什麼會這樣，可是這就是我的感覺啦，不然這樣啦，以後我當你媽，你再來忤逆我好了。」

說完這些，我感覺好輕鬆，感覺我與母親身上受到的制約又放下更多，又更加輕鬆了。

我對之前我們兩人的相處方式，又更加釋懷了。

有句話說：將缺憾還諸天地，我的這個經驗，算不算是將制約還諸天地？讓我跟母親，不再受這世界的種種觀念所限，回歸到天真的狀態，明白生命是無罪的、也是無辜的，無論我們經歷什麼、接受到怎樣的頭腦制約，在生命的底蘊，我們始終彼此相愛，互相疼惜。

如今我真的明白了，那些頭腦的批判是來自世俗，不是我的，更不是事實。而我愛母親的心，才是真的。無論腦子裡有任何負面的聲音，無妨，就讓它說吧，反正我已不再相信那些沒有意義的聲音了。

從舊傷口中，找到療癒的奧祕

在這本書的最後，我要再度感謝我的父母親，給我健康的身體，並且幫助我明白生命的真相與智慧，幫助我學習到永恆的愛。

也感謝一路走來，在成長團體及靜心課程裡，那許許多多也走過自己生命傷痛、願意勇敢面對自己的「同學」們，他們的故事，在各個不同的階段鼓舞了我，也滋潤我的生命，打開我的眼界，並且幫助我更加深入寬廣的認識到生命的價值。

當然，也要感謝那給我許多協助的朋友、老師與諮商師，他們的耐心、包容與智慧，像是這個夢的黏著劑，沒有他們，我根本無法築起眼前這個美夢。

感謝整個存在。沒有存在無垠永恆的愛，又豈有我，豈有這個美夢得以容身的片刻？

這本書能夠出現，也要感謝參與製作過程的貞伶、瓊齡與Acca。

這本書，我與貞伶是共同執筆人，這幾年來，我們一起潛入那一段早已釋懷的求道歷史，希望從此刻的圓滿中挑出當年的舊傷口，再次劃開它，細究它的痕跡，這一次，我們像科學家一樣，細心觀察血肉癒合的奧祕，我們希望從肌理中找到暗藏在每個細胞的療癒力量。

貞伶陪我一起走進許多我不曾跟別人分享的酸楚。我們小心翼翼的呵護我心裡那個曾經受傷的小女孩，爭取她的信任，讓她敞開心，毫無隱藏的跟世界分享她的脆弱。希望藉著攤開這一路從受傷到癒合的過程，能激發那些正在掙扎的人，看到人們早已擁有、卻隱藏不見的療癒力量。或者，也可以提供給那些已經走過傷痛的人，在茶餘飯後跟朋友聊天時，多一個激勵人心的話題。

我沒想到，這些早已被我遺忘的生命經驗，在整個寫書的過程中竟然再次像煉金一樣，把我推往更高的生命體悟。

另外我還要感謝一個人，到目前為止，他都還不知道他是這本書的重要推手之一，他就是《飛碟早餐》的主持人唐湘龍先生。也因為唐湘龍，才讓我認識了另一位朋友、《飛碟早餐》的固定來賓之一：沈雲驄。我聽飛碟早餐N年了，每個禮拜都會聽沈雲驄分析國際事務，我覺得他有國際觀，有視野，有高度。這本書，就交給了他的「早安財經」出版。

我衷心希望，這本書能接觸到那些不曾參加心靈講座、但對生命又很認真思索的人。不管從事什麼樣的行業，感恩都是一切的關鍵所在。只有懂得感恩的人才有力量，感恩，才是一切力量的來源。

心靈，無國界，無論在哪個國家的員工，台灣、日本、美國、香港、印度、巴西、英國，只要心靈品質提高了，人與人之間的溝通自然就會容易許多，企業的向心力自然會更強。現在這種時局，除了專業知識之外，最需要氣定神閒，懂得與人為善的聰明人。心越定，本錢就越足。

最後，我要感謝的是，看這本書的「你」，因為你的參與，才讓這本書更有價值，更有意義，更有看頭。

看完這本書，只是個開始。我們每個人心裡都有個渴望，希望活出璀璨、非凡的人生。我並不知道是否有來生，但我知道今生，我們一定能活得精采。無論你的年紀大小，絕對不會因此而受限。

如今，生命機緣來到此時此刻，讓我有機會圓滿自己的夢想，我也要把我體會到的快樂、幸福與愛，跟全世界分享。

祝福你，祝福我，更祝福這本書能發揮它最大的良效：幫助更多人敞開心，跨越人生一次次的逗點。

後記

一起，在愛中成長

療癒，健康與自由

我是與佩霞一起完成這本書的郭貞伶。

老實說，一開始，我其實是很想用第三人稱來寫這本書的。因為這麼一來，許多用第一人稱無法去讚賞佩霞這個生命的片段，就可以收錄進來了。

第一次與佩霞相遇，是在一個演講場合上，我看著她展示與家人的合照，一張張照片透露出的愛、敬重與歡笑，深深打動了我的心，眼淚不由自主流了下來。

我還記得，那天晚上，現場有一位聽眾站起來對佩霞表達了她的感謝。

她說，很多年前，她曾經在一間 7-Eleven 門口與佩霞擦肩而過，那時佩霞眼眶紅紅的，手裡還牽著年幼的女兒。

那時的她應該正經歷著婚變。多年後，她在演講場合上再度看到佩霞，開心歡喜的與大家分享生命的喜悅，然而，她自己卻如同當年的佩霞，處在婚變的震盪中。

她回想起當年與佩霞擦肩而過的片刻，與眼前這樣光彩的生命相對照，不禁萌生了勇氣，她相信自己一定也可以和佩霞一樣，勇敢的走過這場婚變，獲得新生。

光是擦肩而過的瞬間，就能鼓舞一個生命。

要是能將佩霞走過近五十個年頭的生命呈現出來，會鼓舞多少生命呢？

一個打從心底深處愛著這個世界的人

後來我跟佩霞有更密切的接觸，更加清楚發現也感受到，佩霞，是那樣堅定深刻的願意將自己的生命奉獻出來，她是那樣願意勇敢去面對自己生命裡每一個片刻、每一個念頭，即使是幽暗難堪的部分，只因為她清楚的知道這個生命不只是屬於她的，也是屬於廣大眾生的。

她打從靈魂深處，愛著這個世界，愛著這個世界上所有的生命，希望這個世界的生命都是快樂幸福的，所以，她要從自己的生命開始快樂幸福，然後用靈魂的光去照亮這個世界，去溫暖其他的靈魂，讓來到她面前的每一個靈魂都健康起來。

第一次坐在佩霞面前，聽到她說這樣的大願時，我打從靈魂裡起了雞皮疙瘩。

這本書，只是一個起點。這個生命已經許下這樣的大願許久，已經在地裡蟄伏許久。這本書的形成，諸多波折與變化，是好長一段路程，然而，佩霞從來沒急過。

她始終相信，這本書會在最適合的時刻降生於這個世界，因緣具足的時刻，相信每一個看到這個生命、讀到這本書的人，都是這個因緣具足的助力之一。

佩霞的故事值得一書，不是因為她曾經是個演藝人員，不是因為她生命有那麼些波折，而是因為她那樣堅定的走在愛的道路上，那樣清楚的，願意用愛去包容及轉化自己以及其他人的生命。

這樣的生命，是一段愛的歷史。

我很榮幸有這個機會，與佩霞有許多次深談，得以深入這個生命、這個靈魂，並寫下她的經歷與體會。

在訪談的過程中，不知有幾回，我看著她，因再度探入過往那些傷痛中，淚水就這樣不斷、不斷滑落，然後，佩霞與我就在這樣巨大的靜謐中坐著，相望無語。

後來，每每在寫作中，我不知如何以繼時，將故事、念頭與種種心緒重新連結起來的，都是這些難以言述、無法記載的安靜時光。

在這樣的時光裡，我的內心充滿了崇高的敬意，與佩服。

正如，我也同樣佩服與尊敬著來到人世間的每一個靈魂。

一個又一個靈魂，是這樣勇敢無畏的來到人世，進入未知中，接受命運的挑戰。每一個靈魂，都承載著與存在同樣亙久的時光，與存在同樣豐富的特質與力量。每一個靈魂，也都在各自所受到的局限裡，無論是心理上的、生理上的、物質條件上的，透過有限與無限、黑暗與光明、美麗與醜陋等種種對比，試圖彰顯出整個存在最淋漓盡致、最不可思議的真、善、美。

這些年來，我看過好些人經歷生命的轉化，躍入恐懼中，去正視痛苦的來源，在這世界上重新活過來，更有意識的經歷靈魂在這人世的旅程，要活出生命的真實本質。

和其光，同其塵。與這些夥伴一同度過的時光與記憶，總是在我寫作這本書時相伴左右，給我力量與幫助。

可以說，我在寫作這本書時，雖然經常是一個人面對著電腦螢幕，卻一點也不是孤單的，這些勇敢、美麗、可愛的靈魂夥伴，是最初促使我想寫作這本書的動機之一，也是讓我充滿感恩的對象。

同喜同悲，同起同落

這本書，也是為著每一個人、每一個靈魂而寫的。我深深的相信每一個人都能寫出屬於自己的愛的故事。

不知在多少時候裡，我的心裡總充滿了許多難以在當下說出口的祝福與鼓勵，渴望眼前的人們知道自己有多麼獨特、多麼難得、多麼勇敢、多麼努力，也多麼美麗。

每一個生命，都是深深受到祝福的。每一個生命，也都是那樣不可思議的走在靈魂的道路上，雖然每一個生命都各自有自己的故事，有自己的難處，有自己的學習之道，但生命、「存在」給每一個生命的支持，是毫無偏頗、毫不藏私的。

如果有可能，我真想發明一種裝置，讓人一碰，就明白自己的真正本質，被自己內在那樣不可思議的力量給感動，然後就此揮落所有對自己的懷疑、害怕與批判。

無論如何，一切的發生，「存在」自有其美意。祂沒有挑選、不帶質疑的，跟著每一個靈魂的各種經歷，同喜同悲、同起同落，給予每一個靈魂永恆的時間與空間去學習、去成長，直到與祂相會，直到與祂一樣壯闊宏大、璀璨光明。

光是有機會明白「存在」這樣的愛，就是令人感恩無比的幸運。

很感謝「存在」給我這個機會學習，與這一世有緣相會的人們一起成長。

我的父母親，是給我最多的人，他們對我的愛與恩情，我深知自己此生實在難以回報。每回想起他們，我的心裡就感到深深的悸動。我只希望，自己能將他們給予我的，盡我的能力分享出去，即使只能分享出萬分之一都好。

感謝裕庭、瓊雲和 Yakini，他們是第一手的讀者，因為有他們那樣慷慨誠摯的回饋與建議，幫助我一步步把這本書摸索出來；還要感謝品和與安彤對家人無條件的支持與愛。

瓊齡與 Acca，在醞釀這本書的初期階段，所給予的協助與關懷，是這本書如今存在不可或缺的助力。

Bob、Aggie與Adrienne，在這本書的訪談過程中，讓我看到一個幸福的家是如何真實存在著，佩霞一家人互動之間閃耀的溫暖光芒，經常在我心中迴盪。

早安財經發行人沈雲驄第一次聽到關於這本書的發想後，全力促成這本書問世，他所展現的清晰、篤定與信心，還有早安財經同事們，怡佳、威豪與秀如的真誠協助，讓我和佩霞深深感到為這本書與這世界的相遇，找到了一道穩固的橋梁。

希望這本書能連結起許許多多的人，讓我們能更加認識自己，與自己的心有更深的連結，療癒過往，更加健康與自由，對身旁的人與這個世界有更多嶄新的理解與回應；讓我們更加看到彼此的價值與重要，更懂得如何彼此相愛與敬重，對世界有更多的貢獻與服務，並且，更加堅定的走在愛與真理的道路上。

而之於生命，之於存在，之於愛、自由與感恩，那是仰之彌高、鑽之彌堅的探索，永無止境啊！

國家圖書館出版品預行編目（CIP）資料

回家：與父母的關係，決定你與幸福的距離 / 賴佩霞, 郭貞伶著. -- 三版. -- 臺北市：早安財經文化, 2020.02
面； 公分. --（生涯新智慧；49）
ISBN 978-986-98005-6-3（平裝）

1. 賴佩霞 2. 傳記 3. 靈修

783.3886 108022736

生涯新智慧 49

回家

與父母的關係，決定你與幸福的距離

The Courage of Coming Home

作　　者：賴佩霞、郭貞伶
圖片提供：賴佩霞
特約編輯：莊雪珠
封面設計：Bert.design
責任編輯：沈博思、劉詢
行銷企畫：楊佩珍、游荏涵

發 行 人：沈雲驄
發行人特助：戴志靜、黃靜怡
出版發行：早安財經文化有限公司
臺北市郵政 30-178 號信箱
電話：(02) 2368-6840　傳真：(02) 2368-7115
早安財經網站：goodmorningpress.com
早安財經粉絲專頁：www.facebook.com/gmpress
沈雲驄說財經 podcast：linktr.ee/goodmoneytalk

郵撥帳號：19708033　戶名：早安財經文化有限公司
讀者服務專線：(02)2368-6840　服務時間：週一至週五 10:00~18:00
24 小時傳真服務：(02)2368-7115
讀者服務信箱：service@morningnet.com.tw

總 經 銷：大和書報圖書股份有限公司
電話：(02)8990-2588
製版印刷：中原造像股份有限公司
三版 1 刷：2020 年 2 月
三版 11 刷：2023 年 9 月

定　　價：360 元
I S B N：978-986-98005-6-3（平裝）